潜能开发
青少年思维
能力训练丛书

U0734990

越玩越聪明 的

趣味实验

尹 沁 主编

江西人民出版社
Jiangxi People's Publishing House
全国百佳出版社

知识出版社
Knowledge Publishing House

图书在版编目（ＣＩＰ）数据

越玩越聪明的趣味实验 / 尹沁主编. -- 北京 : 知
识出版社，2019.11

（潜能开发青少年思维能力训练丛书）
ISBN 978-7-5215-0090-5

Ⅰ．①越… Ⅱ．①尹… Ⅲ．①智力游戏—青少年读物
Ⅳ．①G898.2

中国版本图书馆CIP数据核字(2019)第250460号

越玩越聪明的趣味实验 尹 沁 主编

出 版 人	张德意　姜钦云
责任编辑	周　玄
策划编辑	田荣尚
特约编辑	曾旭明
装帧设计	李　谈
出版发行	江西人民出版社　知识出版社
地　　址	北京市西城区阜成门北大街17号
邮　　编	100037
电　　话	010-88390659
印　　刷	南昌市红星印刷有限公司
开　　本	710mm×1000mm　1/16
印　　张	10
字　　数	160千字
版　　次	2019年11月第1版
印　　次	2020年2月第2次印刷
书　　号	ISBN 978-7-5215-0090-5
定　　价	36.00元

前言

　　大脑是人体最复杂的器官，它不仅主导着人的思想，还控制着人的感觉、情绪和反应，主宰着人一生的发展。让大脑蕴藏的潜能得到充分的开发，是一个人走向成功的关键。

　　如同人的躯体一样，大脑也可以通过训练来获得更好的发展，变得更聪明、更具有创造性。而 6 ~ 15 岁就是开发大脑潜能的黄金时期，是青少年养成爱思考、会思考好习惯的关键阶段。为了让孩子们爱思考、会思考、勤思考，并将这种好习惯带到学习中去，根据青少年这一阶段身心发育的特点，我们特别打造了这套"潜能开发·青少年思维能力训练"丛书，针对孩子不同的思维能力和思维方式，进行定点、定项、定目标的系统训练。

　　"潜能开发·青少年思维能力训练"丛书共 10 本，包括《越玩越聪明的谜语游戏》《越玩越聪明的思维游戏》《越玩越聪明的数学游戏》《越玩越聪明的脑筋急转弯》《越玩越聪明的趣味实验》《越玩越聪明的火柴棍游戏》《越玩越聪明的成语游戏》《越玩越聪明的填字游戏》《越玩越聪明的左脑游戏》和《越玩越聪明的右脑游戏》，主题多样，题型丰富，是一套科学、系统、有趣的思维训练工具书。

　　"潜能开发·青少年思维能力训练"丛书不仅可以全方位地培养孩子的思维能力，还可以根据孩子自身的思维特点，有重点地进行思维训练，取长补短，培养良好的思维习惯。本丛书图文结合，寓教于乐，既增强了趣味性，又扩大了孩子的知识面，让他们在玩乐中调动学习兴趣，循序渐进地培养良好的思维习惯，成为真正的思维高手！

编　者

2019 年 10 月

目录

第一章　奇妙的人体

第二章　大自然的奥秘

第三章 植物真有趣

第四章 趣游物理天地

第五章　神奇的化学魔术

第 一 章

奇妙的人体

★ 本章节实验须在家长或老师陪同下进行，注意相关物品及仪器的操作安全。

1 换手做做看

迷你工具栏
● 两张小桌子和一张大桌子

实验操作间
1. 右手握拳敲桌子，左手手掌摩擦桌面。
2. 把左手和右手的动作互换一下。

实验报告
大部分人的两只手会同时敲桌子或摩擦桌面。

实验揭秘
我们习惯于左右手做相同的动作，当右手敲着桌子、左手摩擦桌面时，如果突然要求换动作，我们往往会双手同时敲桌子或摩擦桌面。不过，只要多练习几次，就可以顺利地换手做了。

2 笔帽套不上

迷你工具栏

● 一支钢笔

实验操作间

1.将两条手臂伸直，一手拿钢笔，一手拿笔帽。

2.闭上一只眼睛，将笔帽套在钢笔上。

实验报告

你很难将笔帽顺利套上去。

实验揭秘

人要靠左右眼的视差来测定自己与物体之间的距离。也就是说，人们用右眼、物体和左眼三点进行"三角测量"。因此，一只眼睛无法准确地判断出距离，也就很难顺利地套上笔帽。

3 脊椎变长

实验操作间

1.双脚、膝盖并拢，腿伸直，身体向前倾，双手和头部朝地面方向下压。

2.如果你能轻松地用手碰触到地面，这个游戏就可以停止了。如果你的双手离地面还有20厘米左右，那就一边弯腰，一边大口呼气，一次、两次、三次……

①

②

20厘米

实验报告

神奇的一幕出现了，随着一次次呼气，你的手离地面越来越近，慢慢地碰触到了地面。

③

实验揭秘

呼气运动可以放松全身的肌肉和韧带，提高身体的柔韧度，此时再慢慢前倾，手就可以碰触到地面了。

4 无法抬起的左脚

实验操作间

1. 右脚紧贴墙壁站立。
2. 保持这个姿势，然后抬起左脚。

实验报告

你会发现自己没有办法抬起左脚。

实验揭秘

人要抬起左脚，必须将身体的重心右移。但在这个实验中，你的身体右侧紧贴墙壁，重心无法右移，所以左脚就抬不起来。如果强行抬起左脚，加在右脚上的力就会反过来使身体向左倾斜，你就会摔倒在左侧的地板上。

5 踮不起的脚尖

实验操作间

1.面对墙壁站立，并且使脚尖紧紧地抵住墙壁。
2.试着踮起脚尖。

实验报告

你会发现自己没有办法踮起脚尖。

实验揭秘

人如果要踮起脚尖，必须将身体的重心前移到脚尖的正上方。在这个实验中，人体的重心必须刚好贴在墙壁上，这当然是不可能的。因此，你是踮不起脚尖的。

6 一指神功

🔧 迷你工具栏
● 一把椅子

🌡 实验操作间
1.一个人坐在椅子上，另一个人只用食指顶住他的额头。

2.让坐着的人站起来。

📓 实验报告
坐着的人怎么也站不起来。

🔍 实验揭秘
人要从椅子上站起来，首先上半身要前倾，把身体的重心移到前面，然后才能借助双脚用力把身体撑起来。但是，头部一旦被手指顶住，身体就没有办法前倾，所以就无法站起来了。

7 人体电池

🔧 迷你工具栏

● 一个金属勺子
● 一张铝箔纸

🧪 实验操作间

1.两只手分别握着金属勺子和铝箔纸，将它们同时放在舌头上，这时不会有什么特别的味道。

2.让手握住的金属勺子和铝箔纸的一端相接触，再放在舌头上去感觉。

📔 实验报告

你会尝到一股苦涩的味道。

🔍 实验揭秘

只要在电解液中放入两种不同的金属，就能做成电池。唾液就是一种电解液，金属勺子和铝箔纸则是两种金属。这两种金属放在舌头上，就组成了电池，再让用手握的这一端接触，相当于接通了电池使之放电，味蕾受到电流刺激，就会感觉出苦味。

8 透视眼

🔧 迷你工具栏

- ●一支签字笔
- ●两个信封（一个淡褐色的和一个白色的）
- ●一张白纸
- ●一张挂历纸

🧪 实验操作间

1.用签字笔在白纸上随意写几个字，如：好好学习。

2.把白纸放进淡褐色的信封内封好，再套上一个白色的信封。把信封拿起来，一般人是看不到里面白纸上的字的。

3.将挂历纸卷成10厘米左右长的卷筒，用它紧贴着信封看。

📓 实验报告

你竟然可以看到信封内白纸上的字。

🔍 实验揭秘

一般情况下，只有当光线能够透过信封和信封内的白纸时，我们才能看到里面的字。但是，照在信封正面又反射到我们眼睛里的光，比从信封背面穿透过来的光强烈得多，所以我们看不到信封里面白纸上的字。而卷筒遮掉了照在信封正面的光，这样反射光也就随之消失。这时，信封背面的光就变得强烈，我们就能看到信封内白纸上的字了。

9 忽冷忽热的气球

🔧 迷你工具栏

● 一个气球

🌡️ 实验操作间

1.贴着一个人的脸颊吹气球（别吹太大，否则气球会爆），暖暖的感觉会让你很兴奋。

2.继续让气球贴着那人的脸颊，慢慢地放气。

📒 实验报告

你会有一种截然不同的冷冷的感觉。

🔍 实验揭秘

气球膨胀的时候，里面的气体越来越多，气球内的空气会不断被压缩，温度也随之升高。相反，放气时，往外跑的气体带走了热量，温度就会降低。

10 掉不下来的硬币

🔧 迷你工具栏

● 四枚一元硬币

🧪 实验操作间

1.双手合十，手指张开，在除中指以外的其他手指之间各夹一枚一元硬币。

2.夹紧手指，以防硬币掉落，然后向下侧弯曲两手的中指，使两根中指的第二个关节指背并拢。

3.这时，依次放开夹在大拇指、小指、食指和无名指之间的硬币。注意，两根中指的第二个关节不能松开。

📓 实验报告

你怎样也无法放松两根无名指，夹在两根无名指之间的那枚硬币也绝对掉不下来。

🔍 实验揭秘

人体中连接骨骼的是韧带和肌肉，我们称之为"连接组织"。无名指和中指之间的连接组织作用特别强，当中指向下弯曲并被固定时，无名指就无法动弹，所以夹在两根无名指之间的硬币也就掉不下来了。

11 瞬间缩小的瞳孔

🔧 迷你工具栏

- 一面镜子
- 一把手电筒

🧪 实验操作间

1. 对着一面镜子，注视自己的瞳孔。
2. 打开手电筒，让人从侧面照射自己的眼睛。

📓 实验报告

你会看到镜子里自己的瞳孔迅速缩小。

🔍 实验揭秘

人的瞳孔在暗处时会张大许多，以便尽可能地吸收更多的光线；在明亮的地方，瞳孔只张开一点点，就可以看清物体了。人的眼睛对明暗特别敏感，手电筒一照，瞳孔就立刻缩小了。

12 手掌上有个洞

🔧 迷你工具栏

● 一张挂历纸

🧪 实验操作间

1. 把挂历纸卷起来当作"望远镜"。闭上左眼，用右眼看。
2. 把左手手掌放在左眼的前方、"望远镜"前端的位置。
3. 睁开左眼。

📓 实验报告

你会看到左手手掌上有一个洞。

🔍 实验揭秘

　　当我们用一只眼睛看东西时，闭上的那只眼睛会自动地根据睁开的那只眼睛所看到的物体调整焦距。这个现象称为眼睛的同步对焦。在这个实验中，当左眼睁开时，它的焦距正好适合看右眼通过"望远镜"看到的物体，所以看近处的手掌就会变得模糊。左手手掌上会出现一个洞，是由于大脑优先显示了右眼所看到的图像，这与大脑内部复杂的信息处理程序有关。

13 左右手分不清

实验操作间

1.将双手反转，手指交叉相扣。

2.将交叉相扣的双手向内侧转一圈，举到面前。

3.请一个人随便指一根手指，试着将这根手指伸出来。

实验报告

大部分人都会伸错手指。

实验揭秘

　　双手反转，手指交叉相扣，再向内侧转一圈，举到前面，这一系列动作会混淆你对左右的判断。因为这时手指的排列方向，与平时手指交扣举到前面时完全相反，要在一瞬间作出判断，有些困难，很容易产生混乱。

14 恐怖的"单眼脸"

迷你工具栏

● 一面镜子
● 一本书

实验操作间

1. 对着镜子，鼻梁前放一本书，将左右两眼隔开。

2. 盯着镜子中的眼睛，不一会儿，一个奇怪的甚至令人恐怖的现象就出现了……

实验报告

镜子中有一张奇怪的脸——"单眼脸"，脸上只有一只眼睛，而且长在脸的中间。

实验揭秘

人的双眼能接受两个映像，但到了大脑，两个映像就自然地重叠起来。在这个实验中，左右两眼的视野一隔开，两眼的视线就平行了。左眼只能看到左眼的映像，右眼只能看到右眼的映像，重叠在一起，就感觉到只有一只眼睛。因此，出现了奇怪的现象。

15 大力食指

实验操作间

1.让你的朋友将两条胳膊伸直，双手用力握紧呈拳头状，并且将两个拳头上下相叠。

2.用你的两根食指轻轻按住朋友的两只手的手背，然后向里推。

实验报告

你会发现朋友用力握紧的双拳分离了。

实验揭秘

你的朋友握紧拳头时，力量都集中在相叠的交集点，所以你用食指按住他的手背向里轻推，就能使双拳分离。另外，伸直的手臂通过肩膀用力，手臂本身难以使力。这就是食指会胜过拳头的原因。

16 热还是冷

🔧 **迷你工具栏**

● 一盆冷水
● 一盆热水
● 一盆温水

🌡️ **实验操作间**

1.将左手浸泡在冷水中，右手浸泡在热水中。
2.两分钟后，拿出双手并同时浸泡在温水中。

📓 **实验报告**

你会发现，左手感觉水很热，右手感觉水很冷。而实际上，你的双手放在同一盆水中。

🔍 **实验揭秘**

手部皮肤的神经感受器在感知温度时会有一个参照物。左手浸入冷水中，感知了冷水的温度，马上浸入温水，两者相比，左手以冷水为参照物，所以觉得温水很热。右手感觉很冷也是同样的道理。

17 怕辣椒的手腕

🔧 迷你工具栏

- ●一瓶辣椒油
- ●水
- ●一个盆子

🧪 实验操作间

1.在你的手腕外侧涂上几滴辣椒油。
2.两三分钟后，你会感觉到手腕上有一股强烈的灼热感。
3.把手腕浸在水中，洗去手腕上的辣椒油。

📓 实验报告

手腕上的灼热感渐渐消退。

🔍 实验揭秘

辣椒油或其他辣味调料中含有丰富的能令神经感受到灼热信号的化学成分。人体皮肤的神经末梢对刺激很敏感，受到辣椒油的刺激时，就会感受到灼热并传输给大脑。

18 变色皮肤

🔧 迷你工具栏

● 两个创可贴

🌡️ 实验操作间

1.把创可贴贴在手指上。

2.把手放在阳光下晒几天。可以往手上抹一些防晒霜，以防太阳晒伤皮肤。

3.这期间可以更换创可贴。最后，把创可贴撕掉。

📓 实验报告

你会发现，创可贴覆盖的皮肤还很白净，而其余地方的皮肤比原先黑了。

🔍 实验揭秘

皮肤中的黑色素决定了皮肤颜色的深浅。当太阳光照射在裸露的皮肤上时，黑色素大量生成，使皮肤变黑。被创可贴遮挡的皮肤没有受到太阳的照射，黑色素就没有增多，所以看起来还很白净。

19 舌头辨味

迷你工具栏

- 一个梨
- 一个苹果
- 一个洋葱
- 一把水果刀
- 一条可以遮住眼睛的布条

实验操作间

1. 用水果刀将梨、苹果、洋葱切成同样大小的片状。
2. 拿布条蒙住你的眼睛，捏住你的鼻子。让你的同学分别把一小片梨、洋葱和苹果放在你的舌头中心。不要咀嚼，用你的舌头去辨别它们。

实验报告

你分辨不出它们分别是什么。

实验揭秘

舌头上辨别味道的味蕾散布在舌头表面，中心部位分布的味蕾比舌头上其他部位要少。通常所说的味道其实是滋味、气味和食物口感的结合。嗅觉与视觉的作用都被抑制，舌头中心对味道又不敏感，所以你就分辨不出它们了。

20 消失的头发

🔧 迷你工具栏

● 漂白剂
● 一个玻璃杯
● 几根头发

🧪 实验操作间

1. 把几根头发放在玻璃杯里，往玻璃杯里倒上水，淹没头发。
2. 往玻璃杯里倒入漂白剂。

📒 实验报告

三十分钟后，杯子里的头发消失了。

🔍 实验揭秘

头发是酸性的，漂白剂是碱性的。酸碱结合发生中和反应，头发被漂白剂溶解，自然就消失了。

科学加油站

人为什么会眨眼

　　小朋友，你知道人为什么会眨眼睛吗？你知道人每次眨眼睛要花多长时间吗？

　　眨眼是一种快速的闭眼动作，称为瞬目反射。通常分为两种，一种为不自主的眨眼运动，另一种为反射性闭眼运动。

　　除炎症及疼痛刺激外，不自主的眨眼运动，通常是人们在不知不觉中完成的。据统计，正常人平均每分钟要眨眼十几次，通常2~6秒就要眨眼一次，每次眨眼要用0.2~0.4秒时间。不自主的眨眼动作实际上是一种保护性动作，它能使泪水均匀地分布在角膜和结膜上，以保持角膜和结膜的湿润，还可使视网膜和眼肌得到暂时休息。这种不自主的眨眼动作的起因目前还不太清楚，有人认为这是人类高度进化的表现。

　　反射性闭眼运动则是由于明确的外界原因并通过神经反射引起的。

　　小朋友，你记住了吗？

第 二 章

大自然的奥秘

★ 本章节实验须在家长或老师陪同下进行，注意相关物品及仪器的操作安全。

1 美丽的彩虹

迷你工具栏

- 水
- 一个脸盆
- 一面镜子
- 一张白纸

实验操作间

1. 在脸盆中装满水。
2. 在盆底放一面镜子，调整镜子使之朝向太阳。
3. 拿一张白纸，让阳光由镜子反射到白纸上，注意调整镜子和白纸的位置。

实验报告

在白纸上出现了一道美丽的彩虹。

实验揭秘

阳光是由许多波长（颜色）不同的光组成的。波长不同的光在水中的折射率不同。由水中镜子反射出的太阳光线透出水面后，就会分散开来，在白纸上排列出彩色光谱。

2 水不会溢出

迷你工具栏

- 水
- 一个杯子
- 一盒回形针

实验操作间

1.往杯中装满水。
2.将回形针一枚一枚不断地放入杯中。

实验报告

杯中的水不会溢出。

实验揭秘

　　将回形针放入水中，水本该因为回形针占用了体积而溢出。但由于水的表面张力，所以只会看到水面像山一样隆起，而水并不会溢出。当然，放入水中的回形针数量不能过多。超过了水的表面张力所能承受的范围，水还是会溢出来的。

3 "烧不断"的棉线

🔧 迷你工具栏

- 一根棉线
- 一盒火柴
- 一把镊子
- 一个杯子
- 一袋食盐
- 一根筷子
- 水

🧪 实验操作间

1. 往一杯清水中加入一定量的食盐，并用筷子不停地搅拌，直到食盐不再溶解。

2. 将棉线放入配制好的盐水中浸泡十分钟，然后把棉线拿出来放在桌子上晾干。

3. 用镊子夹起晾干后的棉线，点燃一根火柴去烧棉线。

📔 实验报告

棉线从下端一直燃烧到上端，但燃烧过后的线灰仍像一根线一样保持不断。

🔍 实验揭秘

盐不能燃烧。在盐水中浸泡过的棉线在燃烧时，里面的棉线已经被烧尽，包在棉线外面的一层盐壳却保留了下来。这样，棉线看起来就像"烧不断"。

4 马路上的海市屡楼

实验条件
- 选择晴朗炎热的天气
- 选择一条有汽车行驶的柏油马路

实验操作间
1. 在一个笔直的路段上目视前方，会看到一个小水潭。
2. 等汽车驶过时观察，发现并没有水花溅起。
3. 走近去看，发现刚才的小水潭只是一个幻景。再抬头向前看。

实验报告
远处的路面上又出现了另一个同样的幻景。

实验揭秘
　　天气炎热时，从柏油马路上升起的空气比其上方的空气温度高，来自天空的光在穿过冷热空气的边缘时发生了折射。光线改变了方向，向你的眼睛上方弯曲。因此，你所看到的小水潭其实是天空在地面上的影像。

5 会弯曲的光线

迷你工具栏

● 一个无盖的硬纸盒
● 一只手电筒
● 橡皮泥
● 一把剪刀
● 一截弯曲的塑料管
● 一支毛笔
● 一瓶黑色颜料

实验操作间

1.用毛笔蘸上黑色颜料，把纸盒里侧和外侧均匀涂黑，让其自然变干。

2.用剪刀在盒子的一侧扎一个小洞，插入弯曲的塑料管，留一小截在外面，用橡皮泥固定住。

3.打开手电筒，让手电筒的光从盒外沿塑料管向里照。

实验报告

你会看到盒子里有一段弯曲的光线。

实验揭秘

手电筒的光通过弯曲的塑料管时，被管壁多次反射，因此光就不再沿着直线传播，而是顺着弯曲的塑料管传播，所以我们就看到弯曲的光线了。

6 太阳能煮鸡蛋

🔧 迷你工具栏

- ●一口装有热水的小锅
- ●一个生鸡蛋
- ●一张较大的铝箔
- ●二十张旧扑克牌
- ●一把剪刀
- ●二十根细木棒
- ●一卷胶带

🌡 实验操作间

1.把装有热水的小锅放在阳光下的草地上。

2.用剪刀把铝箔剪成二十份，亮面朝外包在扑克牌上，并用胶带固定在细木棒上，制成二十面"小镜子"。

3.把二十面"小镜子"插在草地上，调整好角度，让它们反射的光线聚集在小锅里。

4.把生鸡蛋放进小锅里。

📓 实验报告

一段时间后，小锅里的水沸腾起来，鸡蛋很快就熟了。

🔍 实验揭秘

铝箔是不透明的，照射过来的太阳光基本上都被铝箔反射了出去。调好角度的铝箔把反射的太阳光线都聚集在小锅里。小锅里的水不断吸收这部分热量，温度持续上升达到沸点，鸡蛋就被煮熟了。

7 水中火山

迷你工具栏

● 一个小玻璃瓶
● 热水和冷水
● 水彩颜料
● 一个大碗
● 一支毛笔

实验操作间

1.在大碗里倒入冷水，然后往小玻璃瓶里倒满热水。
2.用毛笔蘸一些水彩颜料，滴在装有热水的小玻璃瓶里。
3.把小玻璃瓶迅速放入装有冷水的大碗中，让瓶子浸在水中。

实验报告

此时，小玻璃瓶里的有水彩颜料的热水一下子涌出来，流到了冷水上面，像炽热的火山熔岩一样。

实验揭秘

水受热时体积膨胀，密度变小。因此，小玻璃瓶中的热水因为密度小而迅速上升，而大碗中的冷水因为密度大而下沉，就形成了喷涌景象。

8 生活在沸水里的鱼

🔧 迷你工具栏

- ●一支试管
- ●一支蜡烛
- ●水
- ●一个试管夹
- ●一盒火柴
- ●一条小鱼

🧪 实验操作间

1. 在试管内注入九分满的水，把小鱼放入试管中。
2. 用试管夹夹住试管，以试管口朝上的方式倾斜。
3. 用火柴点燃蜡烛，加热试管上方的水，观察试管。

📓 实验报告

不一会儿，试管上方的水沸腾了，而试管底部的小鱼依然轻松自在地游着。

🔍 实验揭秘

水在加热后，热水会自然往上升，而下方的水还保持原样。因此，试管上方的水虽然沸腾了，却在短时间内不会影响下方的水的温度。所以，试管底部的小鱼没有受到干扰，自由自在地游着。但是加热时间不能过长，否则试管内的水的温度全部升高后，小鱼就会死掉。

9 装在瓶子里的 "云"

🔧 迷你工具栏

- 一个带盖的塑料瓶
- 一根吸管
- 一把剪刀
- 一盒火柴
- 水

🌡️ 实验操作间

1. 用剪刀在瓶盖上扎一个洞，将吸管穿过瓶盖。
2. 往瓶子里倒入冷水，摇晃瓶子，然后把水倒出来。
3. 点燃一根火柴，吹灭后把冒着烟的火柴放在瓶口处，让烟进入瓶中。
4. 迅速拧上瓶盖，通过吸管往瓶中吹气，然后松开吸管。

📔 实验报告

瓶中竟然有"云朵"生成。

🔍 实验揭秘

用冷水冷却瓶子，瓶中会产生水蒸气。往瓶中吹气再松开吸管，瓶里的气压升高再下降，导致瓶子里的空气变冷，水蒸气就会附着在烟尘的颗粒上，并凝结成极小的水滴，形成"云朵"。

10 让蚂蚁自然落下

🔧 迷你工具栏

● 一只小蚂蚁
● 一张白纸

🧪 实验操作间

1. 在地上铺好白纸。
2. 把小蚂蚁放在手中，举起手，让它自然落下。

📓 实验报告

小蚂蚁落在白纸上，安然无恙，没有丝毫损伤。

🔍 实验揭秘

小蚂蚁不怕摔，是因为小蚂蚁在下落过程中受到空气阻力的作用。物体在下落过程中都会受到空气阻力的作用。物体越小越轻，阻力越容易与重力平衡，所以小蚂蚁不至于被摔伤或摔死。

11 会跳远的乒乓球

迷你工具栏
● 一个乒乓球
● 两个杯子

实验操作间
1.把两个杯子并排放在一起。
2.把乒乓球放进其中一个杯子里面。
3.对着乒乓球的上方持续吹气。

实验报告
乒乓球慢慢地升起来，然后"跳"到另一个杯子里去了。

实验揭秘
对着乒乓球的上方吹气，乒乓球上方的压力变小，下方压力变大，下方的气压就把乒乓球挤上去了。持续吹气的话，乒乓球就会越升越高，最终"跳"出去。

12 瓶子自己变瘪了

迷你工具栏

- 一杯65℃左右的热水
- 一个空塑料瓶

实验操作间

1. 将热水倒入空塑料瓶中，装满。
2. 将瓶中的热水倒掉，并迅速拧紧瓶盖。

实验报告

塑料瓶慢慢地变瘪了。

实验揭秘

塑料瓶一开始装了热水，瓶内的空气被加热膨胀，于是，一部分空气溢出瓶外。倒掉热水盖紧瓶盖后，瓶内空气逐渐冷却，使得瓶内的气压降低，瓶子外的气压比瓶内的高，所以瓶子就被压瘪了。

13 箭头指向何方

迷你工具栏

● 一张白色纸片　　● 一个透明的圆水杯
● 一支彩色笔　　　● 水

实验操作间

1. 用彩笔在纸片上画一个向右的粗箭头。
2. 往水杯中注入一半清水，把纸片放在水杯后面，纸片离水杯要有一定的距离。
3. 在水杯的前方透过水看。

实验报告

你会发现箭头指向了左边，方向改变了。

实验揭秘

杯子和水就像一个凸透镜，光线经过折射之后，除了经过光心的光线不改变方向之外，其他方向的光线都会改变方向。所以，你会看到箭头指向了相反的方向。

14 隔空断绳

🔧 迷你工具栏

- 一个放大镜
- 一根细绳子
- 一个可以密封的玻璃杯

🧪 实验操作间

1. 把绳子放进玻璃杯中，然后把玻璃杯密封起来。
2. 用放大镜把阳光聚焦在绳子的一点上，保持十分钟。

📒 实验报告

你会看见杯子里面的绳子自己断开了。

🔍 实验揭秘

　　放大镜能够把太阳发出的光和热聚集在绳子的一点上。热量集中后，这个点上的温度就不断上升。当温度上升到一定程度，绳子就会被烧断。

15 先"着凉"的杯子

迷你工具栏

● 两个玻璃杯
● 水
● 冰箱

实验操作间

1.在一个玻璃杯中注入适量的清水，然后与另一个空玻璃杯一起放入冰箱内。

2.二十分钟后，从冰箱里取出两个玻璃杯，用手摸一摸它们。

实验报告

你会发现空玻璃杯比装有水的玻璃杯要冷得多。

实验揭秘

单位质量的某种物质，温度升高（或降低）1℃所吸收（或放出）的热量，叫作该物质的比热容。空杯子里面看起来什么都没有，其实充满了空气。空气的比热容比水的比热容小。与空气相比，水能将热量储存起来，从而使杯子的温度不会下降得太快。所以空杯子会先"着凉"。

16 水火交融

迷你工具栏

- 一支蜡烛
- 一盒火柴
- 一枚大头铁钉
- 一个大玻璃杯
- 冷水

实验操作间

1.往大玻璃杯中注入适量的水，把大头铁钉插入蜡烛的下部，使蜡烛不浮起来。

2.把蜡烛放进大玻璃杯里，只留一小部分在水外面，然后用火柴点燃蜡烛。

实验报告

过一会儿你会发现，尽管水面上的蜡烛已经渐渐燃尽，但是蜡烛的火焰并没有熄灭，仍然在水中继续燃烧。

实验揭秘

蜡烛燃烧形成的蜡油经冷水冷却后，形成了一层很薄的外壁。这层外壁将水和火焰隔离开来，这样火焰就不会熄灭，而是继续燃烧。因此，你就能看到水火交融的奇景了。

17 日食的发生

🔧 迷你工具栏

● 一个弹珠
● 一个网球

🧪 实验操作间

1. 你的左手拿着网球，把手臂往前伸长。

2. 你的右手拿着弹珠，放在你的眼睛和网球之间，眼睛、弹珠、网球在一条直线上。

3. 闭上左眼，用右眼看弹珠和网球，调整弹珠在眼睛和网球之间的距离，使弹珠往你的眼睛靠近，直到你的右眼看到弹珠刚好覆盖住网球。

📓 实验报告

你的右眼只能看到弹珠，看不到网球。这也是日食的形成原理。

🔍 实验揭秘

网球相当于太阳，弹珠相当于月球。当弹珠在人的眼睛和网球之间时，对观察者来说，弹珠遮住了网球，就像月亮遮住了太阳的光。这就是日食产生的原因。

18 御寒的黄油

🔧 迷你工具栏

- ●一块黄油
- ●两块冰块
- ●两个塑料袋

🧪 实验操作间

1.把一块黄油放在你的左手心，然后用一个塑料袋把左手和黄油套在一起。

2.让别人把另一个塑料袋套在你的右手上。

3.让别人把两块冰块分别放在你的左手和右手的手心。

📔 实验报告

左手感觉不太冷，右手感觉到冰块的寒冷。

🔍 实验揭秘

黄油含有脂肪，因此可以为左手抵御寒冷。

19 会出汗的鲜花

🔧 迷你工具栏

- ●一瓶鲜花
- ●一个大的塑料袋
- ●装有水的喷壶
- ●一卷胶带

🧪 实验操作间

1.使用装有水的喷壶给鲜花浇上充足的水。

2.用大的塑料袋套住鲜花，再用胶带把塑料袋口和花瓶上端封严。

3.把鲜花放在阳光下。

📒 实验报告

几个小时后，叶片"出汗"了，塑料袋里面出现了很多小水珠。

🔍 实验揭秘

植物的根部吸收水分，水分沿着导管向茎和叶输送，再经过叶片表面的许多微小气孔以水蒸气的形式向外散发，这是植物的蒸腾作用。

20 神奇的水波

🔧 迷你工具栏

- 一个大的盆子
- 一个玻璃瓶
- 一支铅笔
- 水

🧪 实验操作间

1. 往盆子里倒入一半水。
2. 往盆子里放一个玻璃瓶。
3. 用铅笔的笔头轻轻点几下水。

📒 实验报告

在铅笔头点的地方会产生一圈圈的波纹，并向四周扩散。大部分波纹碰到玻璃瓶会弹回来，小部分波纹在水与玻璃的交界处消失了。

🔍 实验揭秘

水的波纹也是一种波，具有波的共有特性——反射，大部分水波在碰到障碍物时会反射回来，小部分水波会因为振动幅度越来越小而逐渐消失。

21 光的折射

迷你工具栏

- 一叠书
- 一个装有水的瓶子
- 台灯

实验操作间

1.把台灯打开。

2.把几本书叠在一起，让书挡住台灯的光。观测者在书的另一侧，看不到灯光。

3.把一个装有水的瓶子放在书与台灯之间，瓶子靠近书。

实验报告

即使灯光被书挡住，观测者还是能看到灯光。

实验揭秘

光线是沿着直线传播的，所以在第2步操作中，书挡住了台灯的光，观测者看不到灯光。当把装有水的瓶子放到书与台灯之间时，灯光经过瓶子里的水，产生了折射，所以观测者能看到灯光。

22 水草的光合作用

🔧 迷你工具栏

- 一根水草
- 一个碟子
- 清水
- 一个玻璃杯
- 一支水彩笔

🧪 实验操作间

1. 把一根水草放入玻璃杯中，在玻璃杯中倒满水。

2. 把碟子放在玻璃杯口，固定住，然后迅速把碟子和玻璃杯翻转。

3. 这时会看到玻璃杯中有少量的水出来，立刻往碟子边上加水，防止玻璃杯中的水继续流出。

4. 玻璃杯顶部会有空间出现，水面下降，用水彩笔标记水面高度。

5. 把盘子连带玻璃杯放在阳光强烈的地方，每隔一小时，用水彩笔标记出水面高度。

📒 实验报告

玻璃杯中的水越来越少，碟子中的水逐渐增加。

🔍 实验揭秘

水草的叶子含有叶绿素，会进行光合作用，把水分子分解成氧原子和氢原子。它们和二氧化碳发生反应，生成葡萄糖和氧气。氧气不易溶于水，会把玻璃杯中的水逐渐排出去。

23 冰水与热水

🔧 迷你工具栏

- 四个透明的玻璃杯
- 两块厚纸板
- 黑墨水
- 冰水与热水

🌡️ 实验操作间

1.在一个玻璃杯中倒入冰水，在一个玻璃杯中倒入热水，在另外两个玻璃杯中分别倒入自来水。

2.分别在冰水和热水中滴入几滴黑墨水。

3.用两块厚纸板分别盖在冰水和热水的玻璃杯杯口。

4.将以上两个玻璃杯分别倒扣在两个装有自来水的玻璃杯上，上下两个杯口重合。

5.小心地抽掉两个厚纸板，并仔细观察。

📔 实验报告

被染成黑色的冰水与下面的自来水逐渐混合；被染成黑色的热水没有与自来水混合。

🔍 实验揭秘

液体温度较低的部分会下沉，较高的部分会上升。黑色冰水的温度比自来水的温度低，所以下沉与自来水混合；而黑色热水的温度比自来水的温度高，所以保持原样。

24 叶片的呼吸

🔧 迷你工具栏

● 一株叶片多的盆栽
● 一瓶凡士林

🧪 实验操作间

1. 在两片叶子的正面涂上一层厚厚的凡士林。
2. 再在另外两片叶子的背面涂上一层厚厚的凡士林。
3. 每天观察一次。

📒 实验报告

正面涂有凡士林的叶片没有变化，背面涂有凡士林的叶片枯萎了。

🔍 实验揭秘

叶片的背面有很多微小的气孔，将凡士林涂在叶片的背面，阻碍了叶片吸收二氧化碳进行光合作用。叶片排不出氧气，自然就枯萎了。而叶片正面没有气孔，涂上凡士林后对叶子没有任何影响。

25 自动浇花

🔧 迷你工具栏

- 一盆花
- 啤酒瓶
- 水

🧪 实验操作间

1. 往啤酒瓶里灌满水。
2. 用手掌捂住啤酒瓶的瓶口，迅速把啤酒瓶倒立。
3. 把啤酒瓶口快速插进花盆的泥土中。

📓 实验报告

啤酒瓶里的水出现了气泡，水浇灌花可以持续很多天。

🔍 实验揭秘

啤酒瓶中的水流到泥土中，同时空气会进入啤酒瓶的上部，瓶中就会有气泡产生。当泥土潮湿后，泥土对瓶口形成密封状态，空气不能再进入瓶中，瓶中的水便不再向外流出。

26 鸡消化食物的过程

迷你工具栏

- 一小袋沙子
- 十几粒葵瓜子
- 清水
- 一个盘子

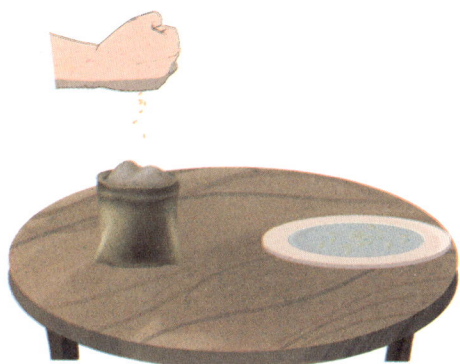

实验操作间

1. 剥开葵瓜子，把瓜子仁放在盘子上。
2. 往盘子上倒入清水，浸泡瓜子仁。
3. 过一会儿，把浸泡好的瓜子仁放进装有沙子的袋子里，然后把袋子封严。
4. 用手不停地揉搓袋子。

实验报告

瓜子仁被磨碎了。

实验揭秘

鸡没有牙齿，吃进去的食物很难消化。于是，鸡把沙子吃进体内，有助于磨碎食物，促进消化。

27 地球与月球的运行

🔧 迷你工具栏

- ●一个沙包
- ●一个直径约1厘米的已打孔的珠子
- ●一根尼龙绳

🧪 实验操作间

1.把尼龙绳的一端拴在沙包上，另一端穿过珠子的小孔打结拴紧。

2.在没有人的空旷地方，手拿珠子在头顶上甩动沙包，使沙包在头顶上转圈。

3.然后迅速松手把珠子往前甩。

📒 实验报告

珠子绕着沙包转动。

🔍 实验揭秘

由于珠子较轻，沙包较重，珠子被沙包牵引着绕着沙包转动，同时沙包自身也在转动。同理，由于月球与地球的引力相互作用，所以在地球围绕太阳转动的同时，月球围绕着地球转动。

28 酸雨的腐蚀性

🔧 迷你工具栏

● 两个玻璃杯
● 柠檬汁
● 清水
● 两支粉笔
● 一根针

🌡 实验操作间

1.在一个玻璃杯里面倒入清水，在另一个玻璃杯里面倒入柠檬汁。

2.在两支粉笔上分别用针刻上"A"和"B"。

3.把刻有"A"的粉笔放在柠檬汁里面，把刻有"B"的粉笔放在清水里面。

📓 实验报告

24小时后，把两个玻璃杯的溶液倒出来，会发现柠檬汁中的"A"的字迹不清晰，而清水中的"B"的字迹还很清晰。

🔍 实验揭秘

柠檬汁含酸性成分，粉笔中的碳酸钙在柠檬汁中发生化学反应，逐渐溶解，所以"A"字会变模糊。从工厂烟囱里排出的废气和汽车尾气含有二氧化硫或氮氧化合物等物质，当它们溶解在雨中时，就会生成硫酸或硝酸等强酸性溶液，这就是酸雨。

29 人工降雨

🔧 迷你工具栏

- 一个带盖子的瓶子
- 一些冰块
- 水

🧪 实验操作间

1. 把水慢慢倒进瓶子，让水没过瓶底。
2. 把瓶盖反着放在瓶口上端。
3. 在瓶盖里面放3～4块冰块。

📒 实验报告

十分钟后，瓶盖下方开始潮湿，最后会形成小水滴落到瓶底。

🔍 实验揭秘

瓶底的一部分水蒸发成了水蒸气，接触到由冰块冷却的冰冷的瓶盖时，会凝结成小水滴。

30 溶化的糖

🔧 迷你工具栏

- 三块方糖
- 三根线
- 三杯水

🌡️ 实验操作间

1. 把三块方糖用三根线系起来。

2. 把三块方糖与水接触，一块方糖在杯底，一块方糖在水中央，还有一块方糖在水的表面。

📓 实验报告

吊在杯底的方糖溶化得最慢，吊在水面上的方糖溶化得最快。

🔍 实验揭秘

糖的溶液密度比水大，会沉到杯底，所以杯底的方糖溶化到一定程度后，杯底溶液达到饱和程度，方糖便不再溶化。而水面上的方糖的溶液会不停地往下流，所以水面上的方糖溶化得快。

科学加油站

如何观测龙卷风

龙卷风是在极不稳定的天气下，由于空气的强烈对流运动而产生的一种伴随着高速旋转的漏斗状云柱的强风旋涡。其中心附近风速可达100米/秒至200米/秒，最强甚至能达到300米/秒。

龙卷风的破坏性极强，能拔起大树、掀翻车辆、摧毁建筑物，甚至能把人卷走。

多普勒雷达是一种比较有效和常用的观测龙卷风的仪器。多普勒雷达对准龙卷风发出微波束，微波信号被龙卷风中的碎屑和雨点反射后，又被雷达接收。如果龙卷风远离雷达而去，反射回的微波信号频率将向低频方向移动；反之，如果龙卷风越来越接近雷达，则反射回的信号将向高频方向移动。这种现象被称为多普勒频移。

接收到信号后，雷达操作人员就可以通过分析频移数据，计算出龙卷风的速度和移动方向。

第 三 章

植物真有趣

1 小豆子力气大

迷你工具栏

● 干黄豆
● 一个有盖的薄壁玻璃瓶
● 水

实验操作间

1.把干黄豆装入玻璃瓶中，约占全瓶容积的四分之三。

2.将瓶中加满水，并将瓶盖拧紧。

3.观察瓶中干黄豆的变化，如果水被吸完了，打开瓶盖，继续加满水，再把瓶盖拧紧。

（注意：实验时戴上手套和护目镜。）

实验报告

玻璃瓶突然破裂了，吸足水的黄豆撒了出来。

实验揭秘

干黄豆吸水后，体积不断膨胀，于是对玻璃瓶产生了很大的压力。玻璃瓶的容积是一定的，加之瓶壁较薄，因此玻璃瓶便破裂了。

2 会变颜色的花

🔧 迷你工具栏

● 一瓶蓝墨水

● 一枝带有叶子和花朵的植物枝条（最好选浅色的花朵，这样实验效果更明显）

🧪 实验操作间

1. 将植物枝条插入蓝墨水瓶中。
2. 将瓶子放在阳光下，静置半个小时。

📒 实验报告

枝条上的花朵变成了蓝色，连叶脉也变蓝了。

🔍 实验揭秘

植物的枝条里面有一些小管道，这些管道叫作维管束，植物通过维管束把根部吸收的养料和水分传到身体的其他地方。蓝墨水就是通过这些维管束到达了花瓣和叶脉上，所以花朵和叶脉变成了蓝色。

3 种子发芽需要阳光吗

迷你工具栏

● 两个杯子
● 水
● 一些菜豆种子
● 一个黑色盒子

实验操作间

1. 往两个杯子中各倒入一些菜豆种子。
2. 再往杯中加适量的清水，不要使菜豆种子全部被淹没。
3. 把其中一个杯子放在阳台上，另一个杯子用黑色盒子罩好。

实验报告

两个杯子里的菜豆种子都发芽了。

实验揭秘

原来，种子发芽和阳光没有多大的关系。种子发芽时所需要的营养全部来自种子内部所储存的营养，不需要通过光合作用获取，所以埋入地下的种子依然会发芽。

4 变绿的黄豆芽

🔧 迷你工具栏

● 两个碟子
● 两块布
● 一些黄豆芽

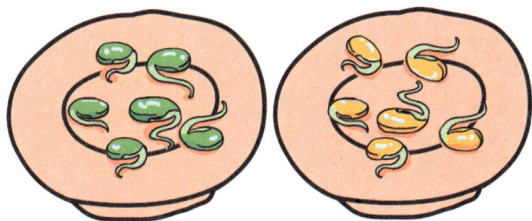

🧪 实验操作间

1.把黄豆芽分成两部分，分别用两个碟子装好。

2.把一个碟子用布遮好，不见阳光；另一个碟子不用布遮盖，放在阳光充足的地方。

3.照这样把这两个碟子放置两天。

📒 实验报告

阳光照射下的那碟黄豆芽变绿了，而另一个碟子里的黄豆芽仍然是黄色的。

🔍 实验揭秘

植物体内含有叶绿素、叶黄素等色素，哪种色素占优势，植物就呈现相应的颜色。受阳光照射的黄豆芽体内产生大量叶绿素，因而变成了绿色。被布遮起来的黄豆芽体内的叶黄素仍然占优势，因而还是黄色的。

5 种子的"嘴"在哪里

迷你工具栏

- 几粒干豌豆
- 一个小碟子
- 水
- 放大镜

实验操作间

1.把几粒干豌豆放到小碟子里，再倒入一些水。

2.过一会儿，你会观察到豌豆外皮出现了皱纹，然后皱纹不断扩散，豆粒也开始膨胀"发胖"。

3.当皱纹消失时，外皮已经被涨破，种子就要发芽了。

4.取一粒种子，用放大镜观察。

实验报告

在最先起皱纹的部位有一个很小的孔，这就是种子的"嘴"。

实验揭秘

植物学家称植物的"嘴"为"种孔"，新生命的第一口水就是从这里"喝"进去的。

6 "喝水" 的胡萝卜

🔧 迷你工具栏

● 一根胡萝卜
● 一把小刀
● 食盐
● 两个装有水的玻璃杯
● 一把勺子

🧪 实验操作间

1. 将一勺子的食盐倒入其中一个装有水的玻璃杯中，搅拌使其溶化。
2. 将胡萝卜切成小条，分别放入盛有盐水和清水的玻璃杯中。
3. 两个小时以后，取出胡萝卜条，用手指挤压它们。

📔 实验报告

你会发现清水中的胡萝卜变得很硬，而盐水中的胡萝卜却变得软绵绵的了。

🔍 实验揭秘

当细胞外的液体盐分浓度比细胞内的浓度高时，细胞内的水分便向外流出。因此，盐水中的胡萝卜条会失水，变得软绵绵的；清水中的胡萝卜条则会吸收杯中的清水，变得很硬。

7 食盐和鲜花是好朋友

🔧 迷你工具栏

- 两个玻璃杯
- 水
- 勺子
- 食盐
- 两枝康乃馨

🧪 实验操作间

1. 分别往两个玻璃杯里注入大半杯水，水量尽量相同。
2. 在一个玻璃杯里放一勺食盐。
3. 在两个玻璃杯里各插上一枝大小差不多的康乃馨。

📔 实验报告

两个玻璃杯中的康乃馨花蕾都能逐渐绽放，并逐渐枯萎凋谢；开花时，养在食盐水里的花朵比养在清水里的花朵要大得多；到实验结束时，用肉眼看，会发现加有食盐的水还没有变质，而清水则变质了。

🔍 实验揭秘

因为盐的主要成分是氯化钠，而氯化钠是植物生长中不可缺少的，适量的氯化钠对植物生长起辅助作用，并且能刺激水分运输，从而使花变得更精神。另一方面，盐进入水中，使得原来水溶液的渗透压变大，一定程度上抑制了微生物细胞壁的形成，从而抑制了细菌的繁殖，水质也就更好了。

8 会变色的花儿

🔧 迷你工具栏

- 一枝粉红色的康乃馨
- 一朵红色的牵牛花
- 两个玻璃杯
- 白醋
- 皂粉
- 水

🧪 实验操作间

1.在一个玻璃杯中倒入白醋，并将粉红色的康乃馨插入白醋中。

2.在另一个玻璃杯中倒入由皂粉和水调制而成的肥皂水，并将红色的牵牛花插入其中。

📒 实验报告

粉红色的康乃馨颜色越来越深，大约两小时后，竟变成了一朵大红花，而原本是红色的牵牛花慢慢变成了蓝色。

🔍 实验揭秘

花瓣中有一种叫花青素的色素，当它遇到酸性物质时会变成红色，遇到碱性物质时会变成蓝色。所以，粉红色的康乃馨在白醋中会变成大红色，而红色的牵牛花在肥皂水中会变成蓝色。

9 叶子变成白色了

迷你工具栏

- 两口汤锅
- 一个玻璃杯
- 水
- 酒精
- 绿叶
- 燃气炉

清水　　酒精

实验操作间

1.在汤锅和玻璃杯中各倒入少量清水。

2.将绿叶放入玻璃杯中，再将玻璃杯置于汤锅内，然后打开燃气灶加热。

3.加热一会儿后，绿叶没有什么变化，取出绿叶。

4.倒掉玻璃杯里的水，换为酒精，将绿叶放入玻璃杯中，再加热。

实验报告

换上酒精加热一会儿后，碧绿的叶片变成了白色，而无色的酒精变成了绿色。

实验揭秘

绿叶中含有叶绿素，叶绿素不溶于水。所以，把绿叶放在水中加热，绿叶没有什么变化。但叶绿素溶于酒精，所以把绿叶放入酒精中加热，叶绿素便从绿叶中"跑"出来，使无色的酒精变成了绿色。

10 吸管穿土豆

迷你工具栏

● 一根塑料吸管
● 一个直径30~40毫米的土豆

实验操作间

1.首先，将塑料吸管的一端剪成斜口，右手手心握住塑料吸管，大拇指按住吸管的平口处。

2.然后，用左手拇指和食指紧紧地拿住土豆，右手的塑料吸管垂直于土豆表面，从距离土豆30~40厘米处用力刺向土豆。（同学们刺土豆时要注意安全哦！）

实验报告

吸管轻松地穿过了土豆。

实验揭秘

塑料吸管的一端被大拇指封住，由于吸管刺入土豆时速度很快，吸管内部体积瞬间变小，空气压力突然增大，从而使塑料吸管的刚性突然加强。因此，塑料吸管可以轻松地刺入土豆。

11 能 "祈福" 的叶子

迷你工具栏

- ●一盆大叶植物
- ●一张稍厚的纸片
- ●一枚回形针
- ●一把剪刀

实验操作间

1.用剪刀将纸片剪成一个 "福" 字字样。
2.用回形针将剪好的字样固定在植物的叶片上。
3.将植物放到阳光下。
4.几天后，将纸字移开。

实验报告

叶片上出现了 "福" 字字样。

实验揭秘

叶子被纸片遮住的部分因为缺少了阳光的照射，光合作用不强，以致影响了叶绿素的合成。因此，被遮住部分的颜色就变浅了，字样也就显现出来了。

12 植物的趋光性

🔧 迷你工具栏

- 一盆牵牛花秧
- 一个纸盒
- 一把剪刀

🧪 实验操作间

1. 用剪刀在纸盒的盒盖上剪一个小孔。
2. 将牵牛花秧放入纸盒中，盖上盒盖。
3. 将纸盒放在阳台上，耐心等待。

📒 实验报告

牵牛花秧居然从小孔中探出头来了。

🔍 实验揭秘

植物的身体里面有一种物质是专门控制植物的生长方向的，这种物质对光线特别敏感，它会跟着光线跑。纸盒全被封住，只有那个小孔才能受到阳光照射，所以牵牛花秧就从那里钻出来了。

13 会呼吸的植物

迷你工具栏

● 一些新鲜的草叶
● 一个有盖的玻璃瓶
● 少量澄清的石灰水

实验操作间

1. 把新鲜的草叶放进干净的玻璃瓶中，拧紧瓶盖，然后把玻璃瓶放到一个潮湿阴暗的地方。

2. 第二天，取出玻璃瓶，打开瓶盖并迅速倒入一些澄清的石灰水。

实验报告

澄清的石灰水变白、变混浊了。

实验揭秘

在潮湿阴暗的环境中，草叶白天无法正常进行光合作用，而夜晚仍要不停地呼吸，呼出大量的二氧化碳。石灰水的化学成分是氢氧化钙，它一遇到二氧化碳就会发生化学反应，变成白色的沉淀物——碳酸钙。

14 植物的定向运动

🔧 迷你工具栏

- 四粒刚发芽的种子
- 一个水盆
- 两块玻璃
- 吸水性好的纸
- 一根细绳
- 水

🌡️ 实验操作间

1.先把四粒刚刚发芽的种子放在一张吸水性较好的纸上。

2.再把它们轻轻地夹在两块玻璃之间，用细绳捆绑好。

3.把夹有发芽种子的玻璃竖在阳台的水盆中，使种子得到水分继续发育成幼苗。以后每隔三天把玻璃上下左右转一个方向。

📒 实验报告

这样转了几次后你会发现，幼苗的根总是向下生长，茎、叶总是向上生长。

🔍 实验揭秘

植物具有定向运动的特点，这和地球具有巨大吸引力有关。

15 红色的芹菜

迷你工具栏

- 一株芹菜
- 水
- 一个水杯
- 红墨水

实验操作间

1.在水杯里放入三分之二的水，取少量红墨水倒入水杯中，将其搅拌均匀。

2.将从菜场里买来的整株芹菜放入水杯中。

3.将装有芹菜的水杯放在阳台上（或阳光较充足的地方），几小时后再观察芹菜。

实验报告

芹菜变成了红色。

实验揭秘

植物的根部会吸收水分，水分由根部经过茎传输到叶子，所以红墨水就随着芹菜的茎到达芹菜的叶子，整株芹菜就变红了。

16 叶落的秘密

迷你工具栏

● 带绿色树叶的小树枝
● 一个空花瓶

实验操作间

1. 将小树枝插入花瓶中。
2. 把花瓶放在不受干扰的地方，经常观察树叶，但不要碰它们。
3. 四个星期以后，看树叶有什么变化。

实验报告

你会发现，绿色的树叶会干枯，颜色变为褐色，但不会从树枝上掉落。

实验揭秘

　　秋天时，叶柄（叶片与茎的联系部分）的离层细胞非常容易分离，只剩下脆弱的运输管连接叶子和茎，稍有风吹动，叶子便会落下。在这个实验中，因为离层细胞仍然存在，而且又无外力作用，所以叶子干枯后仍然结实地连在茎上。

17 植物的蒸腾作用

🔧 迷你工具栏

- 一个玻璃杯
- 一张卡纸
- 带绿叶的树枝
- 一个保鲜袋

- 水
- 一把剪刀
- 透明胶

🧪 实验操作间

1. 先用剪刀在卡纸中间剪一个小孔，让树枝刚好穿过即可，然后用透明胶粘好多余的缝隙。

2. 在玻璃杯中倒入三分之二的清水，将穿过卡纸的树枝放入水中，使绿叶部分朝上。

3. 用保鲜袋罩住玻璃杯，并用透明胶将袋口封在玻璃杯上。把它放在阳光下静置几小时，再来观察有什么变化。

📒 实验报告

你会发现，保鲜袋里面有一层水汽，还有一些水珠开始滑下来了。

🔍 实验揭秘

植物的叶片上有许许多多肉眼看不到的气孔，这些气孔能把植物体内多余的水分排出去，就像人在呼吸一样。所以，保鲜袋里有从叶子里跑出来的水分。

18 胀破肚皮的樱桃

🔧 迷你工具栏

- ●成熟的樱桃
- ●一个小碗
- ●水

🧪 实验操作间

1.在小碗里装满水。

2.选几颗成熟的樱桃。

3.把樱桃放入碗中，过一段时间后再观察。

📓 实验报告

樱桃裂开了。

🔍 实验揭秘

　　樱桃细胞中的含糖量远远高于外界，所以水通过细胞壁的空隙进入樱桃细胞中，但细胞内含糖分的汁液不会渗出来。渗入的水分增大了樱桃细胞中的压力，最终使得樱桃破裂。

19 会跳舞的葡萄干

🔧 迷你工具栏

- 一个玻璃杯
- 汽水
- 葡萄干

🧪 实验操作间

1. 往玻璃杯中倒入一些汽水。
2. 把几粒葡萄干放入汽水中，葡萄干会沉入杯底。
3. 过一会儿再观察玻璃杯。

📓 实验报告

葡萄干开始浮沉并不断旋转，看起来就像在跳舞一样。

🔍 实验揭秘

汽水中的二氧化碳释放出来，聚集在葡萄干的表面，于是葡萄干的表面就出现了许多小气泡，托着葡萄干浮上水面。随后，小气泡在水面上破裂，于是葡萄干又开始下沉。这一过程不断重复，葡萄干也就不停地在汽水中浮沉。

20 常绿西红柿

迷你工具栏

● 一株西红柿
● 一碗热水

实验操作间

1.选一个未成熟的绿色西红柿进行观察。

2.拿一碗热水，把挑选好的这个绿色西红柿放在热水里浸泡三四分钟，不要摘下来。

3.等这株西红柿上的其他果实全红了，再观察这个西红柿。

实验报告

你会发现，这个被热水浸泡过的西红柿仍然是绿色的。

实验揭秘

西红柿含有的酵素会产生乙烯气体，乙烯气体可催熟西红柿。西红柿被热水浸泡后，酵素被破坏了，也就阻止了西红柿的成熟。因此，当其他西红柿都正常成熟变红时，被热水浸泡过的西红柿仍然是绿色的。

21 橘子火花

迷你工具栏

- 一个橘子
- 一支蜡烛
- 一盒火柴

实验操作间

1. 剥开橘子，留下橘子皮备用。
2. 找一间黑暗的屋子，用火柴点燃蜡烛。
3. 双手用力挤橘子皮，将橘子皮靠近点燃的蜡烛。

实验报告

你不仅会听到爆裂声，还可以看见美丽的火花。

实验揭秘

　　橘子皮中含有丰富的植物油，这种植物油具有很强烈的挥发性。当挤出植物油的橘子皮靠近点燃的蜡烛时，植物油会猛烈燃烧，并且迸出火花。

22 迟开的牵牛花

迷你工具栏

● 一整株带有花骨朵的牵牛花
● 一个不透明的黑纸袋
● 一根细绳

实验操作间

1. 第一天晚上的时候，将一朵含苞待放的牵牛花用黑纸袋套好。
2. 用细绳轻轻绑住袋口，不让光线进去。
3. 第二天早上六点钟，拿掉黑纸袋。

实验报告

五分钟内，你就会看到牵牛花由含苞到怒放的情景。

实验揭秘

牵牛花开花的时间是在凌晨三四点钟。用不透光的黑纸袋将牵牛花套住，会扰乱牵牛花正常的生物钟，延误它的正常开花时间。拿掉黑纸袋之后，牵牛花就立刻开放了。

23 催熟香蕉

🔧 迷你工具栏

● 两根未成熟的绿色香蕉
● 一个纸袋
● 一根细线

🌡️ 实验操作间

1. 把其中一根香蕉放进纸袋里，然后用细线把袋口系紧，放在桌子上。
2. 把另一根香蕉也放在桌子上。
3. 三天以后，再观察香蕉。

📒 实验报告

你会发现纸袋里的香蕉已经成熟了，变成了黄色，而没有放进袋子里的那根香蕉还是绿色的。

🔍 实验揭秘

香蕉和其他水果一样，会产生加速水果成熟的乙烯气体。纸袋里的香蕉产生的乙烯气体被困在袋子里，促使香蕉很快成熟变黄。另一根香蕉产生的乙烯气体大部分都散发到了空气中，所以它成熟得慢，还没有变黄。

24 喜欢沙子的花生

🔧 迷你工具栏

- 带壳的生花生
- 沙子
- 一口锅
- 一把铲子

🌡 实验操作间

1.把一部分花生放在锅里翻炒，很快就会有一些花生煳了，另外一些却还是生的。

2.倒出炒煳的花生，将沙子放入锅里，与剩下的生花生一起翻炒。

📓 实验报告

这次炒出了香喷喷的花生，而且基本没有煳的或生的。

🔍 实验揭秘

花生单独在锅内炒，因为温度不均匀，难免会有的煳有的生。沙子有恒温的功效，放入锅中会使锅内温度均匀。因此，用沙子炒花生就不容易煳了。

科学加油站

为什么树叶落地时一般背面向上

　　小朋友，你有没有注意到，树叶飘落时大部分都是正面朝下、背面向上的呢。难道落叶也会自己选择方向吗？为什么会出现这种现象呢？

　　原来，树叶的正面细胞内含有很多叶绿体，排列整齐，很密，叫作栅栏组织；树叶的背面细胞内叶绿体较少，排列疏松，称为海绵组织。树叶正面重背面轻，所以飘向地面的时候，背面常常向上，正面就朝下了。

　　一切物体在自由下落过程中，都是密度小的部分在上面，密度大的部分在下面。

第四章

遨游物理天地

★ 本章节实验须在家长或老师陪同下进行，注意相关物品及仪器的操作安全。

1 拉不开的小毛巾

🔧 迷你工具栏

● 两条小毛巾

🌡️ 实验操作间

1. 将两条小毛巾在桌子上摊开，边缘处相互重叠约两厘米。
2. 把重叠部分折成像手风琴一般的褶皱。
3. 用你的拇指和食指捏住褶皱处，让小毛巾看起来像领结一样。
4. 让朋友用双手分别抓住小毛巾的两端并用力拉扯。

📓 实验报告

虽然你只用了两根手指头，但无论朋友怎么用力，就是拉不开这两条小毛巾。

🔍 实验揭秘

两条小毛巾的重叠处折成了像手风琴一样的褶皱，虽然只用了拇指和食指捏住，却已压住了所有的接触点，因此摩擦力增大，怎么也拉不开。

2 "气" 功断筷

🔧 迷你工具栏

● 一根干燥的卫生筷
● 一份报纸
● 一根擀面杖或一把木勺子

🧪 实验操作间

1.把一根干燥的卫生筷放在桌子上，上面盖上报纸。（注意：让筷子的三分之一露在桌面外。）

2.用力紧压报纸，让它和筷子之间没有缝隙，呈密合状态。

3.拿擀面杖或木勺子等硬物迅速敲击卫生筷露在桌面外的部分。

📒 实验报告

报纸一动也没动，卫生筷已经应声而断。

🔍 实验揭秘

这是压在报纸上的大气压力引起的现象。当报纸和卫生筷之间完全密合时，空气就无法进入，卫生筷就被很大的力量压制住了，猛然敲击卫生筷，筷子露在桌面外的部分就会折断。如果不用硬的东西快速敲击，而是轻轻地用手指压一压卫生筷，报纸就会被轻易地抬起来。这是因为报纸和卫生筷之间进入了空气，大气压力的影响就不复存在了。

3 吸管喷雾器

迷你工具栏

- 一根长吸管
- 一把剪刀
- 一杯果汁

实验操作间

1.倒一杯果汁，然后用剪刀将一根吸管按照1:2的比例剪开（不必剪断）。

2.将短端插进果汁中，长端和短端摆成直角。

3.在长端一端用力吹气。

实验报告

你可以看到吸管长端与短端的交接处出现了水雾。

实验揭秘

这个小实验运用了"伯努利原理"，即在高度相同时，气流流速快的地方，气压就小。从长端吹气时，交接处的气流流速比较快，那里的气压就会下降，而短端水面处的气压仍然是正常的大气压力。因此，水面的大气压力就把短端周围的水往吸管里挤，直到喷出吸管。喷出来的水又被长端吹入的气吹散，这样交接处就形成了水雾。

4 杯子倒立不漏水

迷你工具栏

- 一张纸片
- 一把剪刀
- 一个杯子
- 水

实验操作间

1. 拿一张纸片，用剪刀把它剪成比杯口略大的尺寸。
2. 把纸片盖在装满水的杯子上。
3. 一边用手轻压着纸片，一边慢慢将杯子倒过来。
4. 手放开纸片。

实验报告

杯里的水一滴也不会漏哦！

实验揭秘

水表面的张力使杯子和纸片完全闭合起来了。此时，杯里的水对纸片的压力小于杯外的大气压力。大气压力帮纸片托住了水，因此水就不会漏出来。

5 水杯叠罗汉

迷你工具栏

- 一张纸
- 两个大小一样的杯子

实验操作间

1. 将一个杯子装满水，用一张纸盖上，把杯子慢慢倒过来（像上一个实验一样）。
2. 将另一个杯子装满水。
3. 将倒过来的杯子扣在另一个杯子上。
4. 仔细把两个杯口对齐，再轻轻地抽掉中间的纸。

实验报告

上面那个杯子里的水一滴也不会漏哦！

实验揭秘

虽然两个杯子的杯口不可能完全密合，但是由于水本身具有的表面张力，杯口之间的空隙会被填满。再加上外面大气压力的作用，就能做到滴水不漏了。

6 神奇的塑料袋

🔧 迷你工具栏

- ●一个塑料袋
- ●几支削得很尖的铅笔

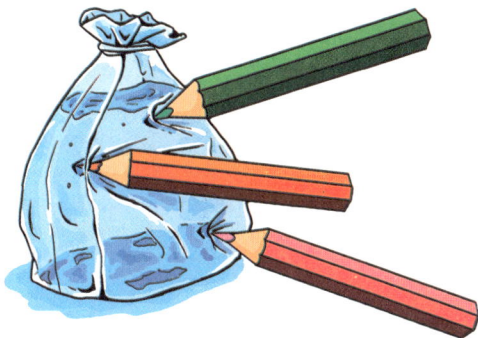

🌡️ 实验操作间

1. 把塑料袋装满水，用手抓紧袋口。
2. 用几支很尖的铅笔去快速刺穿塑料袋。

📒 实验报告

塑料袋里的水不会流出来。

🔍 实验揭秘

塑料袋是人工合成的高分子化合物，有遇热收缩的特性。当铅笔很快地刺穿塑料袋时，摩擦所产生的热会让分子彼此牵引而收缩，使塑料袋与铅笔之间密合起来，所以水不会流出来。

7 吊米瓶

🔧 迷你工具栏

- ●一个瓶口较窄的玻璃瓶
- ●米
- ●一根卫生筷

🧪 实验操作间

1. 给玻璃瓶装满米。
2. 将卫生筷深深插入米中。
3. 用力压一压卫生筷周围的米。
4. 拿住筷子往上提。

（为了安全，请在瓶子下方垫上毛巾再进行操作。）

📓 实验报告

筷子不但不会被抽出来，还会把装满米的瓶子一起提起来。

🔍 实验揭秘

虽然只是一粒粒的米，但因为在玻璃瓶内被挤压得很紧，卫生筷和米之间产生了超乎想象的摩擦力。所以，卫生筷不但不会被抽出来，还能将很重的瓶子一起提起来。

8 纸杯不着火

🔧 迷你工具栏

- 两根竹签
- 水
- 燃气灶
- 一个纸杯

🧪 实验操作间

1. 用两根竹签横穿过纸杯的上半部，做成把手。
2. 纸杯内装入半杯左右的水。
3. 打开燃气灶，并调到中火。握住纸杯的"把手"，将纸杯放在火的上方。

📒 实验报告

你会发现，杯子虽然是纸做的，却完全不会被点燃。

🔍 实验揭秘

水的比热容很高，它会不断吸收天然气燃烧所散发出的热量。纸的燃点在100℃以上，而水在正常情况下，沸点不会超过100℃。因此，只要杯子里有水，纸杯就不可能着火。

9 不用嘴吹的气球

🔧 迷你工具栏

- 一个塑料瓶
- 一个气球
- 一个空盆
- 热水

🌡️ 实验操作间

1. 把塑料瓶的盖子去掉，然后放入冰箱内。
2. 约一小时后，取出塑料瓶放在空盆里面。
3. 先多吹几次气球，使气球皮稍松弛。再把气球口紧紧套在塑料瓶的瓶口上，不断把热水淋在塑料瓶上。

📔 实验报告

气球竟然慢慢地鼓了起来。

🔍 实验揭秘

空气有热胀冷缩的性质。当塑料瓶被放进冰箱的时候，温度降低，塑料瓶里就"跑"进比平时多的空气。当把塑料瓶从冰箱里面拿出来，并往其表面淋热水时，瓶里的温度上升，空气体积增大，并涌出瓶外，最终使气球鼓起来。

10 "亲密"的碗

迷你工具栏

● 一张报纸
● 两个大小一样的碗

实验操作间

1.把报纸对折两次，折成大小相同的四页，然后用水浸湿，盖在一个空碗上。

2.在另一个碗中倒入半碗左右的热水，然后把热水倒掉，立刻扣在报纸上，注意必须与下面的碗对齐。

3.一分钟后，用手提起上面的碗。

实验报告

这时，下面的碗就会像变魔术一样，也跟着被提起来。

实验揭秘

加入热水又倒掉的碗里充满了水蒸气，而空气被排出。这时再使它密闭并冷却，水蒸气就凝结成了水，碗内的气压下降，于是大气压力就将两个碗紧紧地扣在了一起。

11 玻璃球 "穿墙功"

- 一个玻璃球
- 一个玻璃瓶
- 一枚硬币

- 一张A4大小的纸
- 胶带

🌡️ **实验操作间**

1. 在玻璃瓶瓶口放一枚比瓶口略大的硬币，使之不会掉落下去。
2. 把一张A4大小的纸卷成直筒状，再用胶带固定好，套住瓶口。
3. 从纸筒顶端放进一个玻璃球。

📓 **实验报告**

玻璃球像变魔术一样越过硬币，落在了瓶子里。

🔍 **实验揭秘**

　　玻璃球和硬币相撞时，都会弹起来再掉下去。这时，硬币与瓶口间会出现空隙。如果玻璃球刚好进入空隙，就会顺利地落进瓶子里，硬币则再落回瓶口处。做这个小实验时，纸筒高一点比较容易成功。

12 自己滚动的易拉罐

迷你工具栏

● 一个空易拉罐
● 一张面巾纸
● 一个气球

实验操作间

1. 把空易拉罐平放在地上。
2. 把气球吹胀并绑紧，用面巾纸反复摩擦气球表面。
3. 让气球靠近易拉罐，并移动气球。

实验报告

易拉罐竟然追着气球滚动。

实验揭秘

气球用面巾纸摩擦后，带上了大量的负电荷。易拉罐由金属制成，是一种导体。当带有大量负电荷的气球靠近不带电的易拉罐时，就会出现静电感应现象。易拉罐靠近气球的部分会带上正电荷，与气球上的负电荷相互吸引，就出现了易拉罐跟着气球跑的现象。

13 手掌吸瓶子

迷你工具栏

● 一个玻璃瓶
● 热水

实验操作间

1. 在玻璃瓶里加入少量热水，摇一摇，然后倒掉。
2. 手掌严密地覆盖在瓶口上。
3. 等瓶子冷却后，抬起手掌。

实验报告

瓶子会被手掌吸起来，就算手掌晃动，瓶子也不会掉下去。

实验揭秘

加入热水又倒掉的玻璃瓶里充满了水蒸气，瓶内的空气被排出。随着瓶子的冷却，密闭瓶子中的水蒸气凝结成水，使瓶内的气压变小，而瓶外的气压较大，所以瓶子就被轻易地吸在手掌上了。

14 冰块 "太空漫步"

🔧 迷你工具栏

- 一个玻璃杯
- 冰块
- 一瓶油（色拉油、橄榄油等都可以）
- 水

🧪 实验操作间

1.在玻璃杯内装上半杯水，再倒入半杯油，油和水会很自然地分为上下两层。

2.把冰块放进玻璃杯里。

📒 实验报告

冰块会浮在水和油的交界处，就像在太空中漫步一样。

🔍 实验揭秘

冰的密度小于水，大于油，所以冰块会浮在两者交界处。

15 漂浮的蛋

🔧 迷你工具栏

- 一个大杯子、一个小杯子
- 水
- 盐
- 一个鸡蛋

🌡 实验操作间

1.在大杯子里倒入半杯水，加盐并慢慢搅拌，直到无论怎样搅拌，都无法溶化剩下的盐为止。

2.用小杯子装满清水，将清水顺着杯壁慢慢地倒进大杯子里，让清水在盐水之上。

3.轻轻地往大杯子里放入一个鸡蛋。

📒 实验报告

鸡蛋浮在水的中央，不会浮沉。

🔍 实验揭秘

杯子里的水分为两层，下层是密度非常大的饱和食盐水，上层则是普通的水。鸡蛋虽然会沉入水中，却可以浮在盐水之上，所以就出现了鸡蛋漂浮在水中央的现象。

16 "吃蛋"的玻璃瓶

🔧 迷你工具栏

- 空玻璃瓶
- 一个半热的白煮蛋
- 热水

🌡️ 实验操作间

1.往空玻璃瓶里装半瓶热水，摇一摇，然后倒掉。
2.将半热的剥了壳的白煮蛋（选一个较小的鸡蛋）放置在玻璃瓶瓶口。

📒 实验报告

过一会儿，去壳的白煮蛋就被吸进了空玻璃瓶里。

🔍 实验揭秘

　　热水的水蒸气把玻璃瓶里的空气排了出去。放上去壳白煮蛋后，蛋会与瓶口严密地闭合起来。这个密闭的瓶子冷却后，水蒸气就会凝结成水，于是瓶内的气压下降，去壳白煮蛋就被瓶外的大气压压进瓶子里去了。

17 气球串

迷你工具栏

- 一把手工刀
- 一根烤肉串用的竹签
- 一个气球

实验操作间

1.用手工刀把烤肉串用的竹签的一头削尖。
2.把气球吹起来。
3.将竹签对准与气球吹气口相反的一端，慢慢地小心地穿过去。

实验报告

气球不会漏气，还会像图中那样串在竹签上。

实验揭秘

　　用竹签穿过气球尾部和吹气口，气球是不会漏气的。因为竹签穿过时摩擦所产生的热会让分子彼此牵引而收缩，这时，空气不会漏出去。

18 "蝴蝶" 飞飞

🔧 迷你工具栏

● 一个塑料袋
● 面巾纸
● 塑料垫

🧪 实验操作间

1. 从塑料袋上剪下形状与蝴蝶相似的塑料片。
2. 用面巾纸充分摩擦蝴蝶形塑料片和塑料垫。
3. 把蝴蝶形塑料片放到半空中，在它下面拿着塑料垫轻轻晃动。

📔 实验报告

"蝴蝶"在空中飞舞起来。

🔍 实验揭秘

蝴蝶形塑料片和塑料垫被面巾纸摩擦后，都聚集了大量的负电荷，因此两者之间产生了很大的排斥力。因此，轻盈的"蝴蝶"随着塑料垫晃动，轻轻地飞舞起来。

19 把硬币吹进碗里

迷你工具栏

● 一个碗
● 一枚一角的硬币

实验操作间

1.在桌上放一个比较浅的碗，然后在距碗约20厘米远的地方放一枚一角的硬币。

2.对着碗，在硬币上方沿着与桌面平行的方向用力吹气。

实验报告

硬币像会武功一般飞进碗里。

实验揭秘

这是根据"伯努利原理"设计的小实验。当在硬币上方吹气时，硬币上方的气流变快，因而气压下降，于是硬币被下面的空气压力抬了起来。之后，随着嘴吹出来的气流，硬币就飞进了碗里。

20 吹不翻的名片

迷你工具栏

● 一张名片

实验操作间

1. 把名片折成像订书钉的样子，放在桌子上。
2. 近距离对着名片下方用力吹气。

实验报告

不管怎么用力，名片就像被粘在桌子上一样无法翻动。

实验揭秘

根据"伯努利原理"，气流速度越快，气压就越低。名片下方的气压降低了，名片外围的大气压力就会将名片紧紧地压住，因此无法吹翻它。

21 瓶中笔

迷你工具栏

- 一张硬纸片
- 一个玻璃瓶
- 一支顶端平整的短铅笔

实验操作间

1. 在玻璃瓶口放一张硬纸片。
2. 将短铅笔竖放在正对玻璃瓶口的硬纸片上。
3. 用手捏住硬纸片，沿水平方向快速地取走硬纸片。

实验报告

多次练习，笔就会正好掉进玻璃瓶里。

实验揭秘

　　根据惯性原理，在没有外力的情况下，有质量的东西会一直保持原来的运动状态。因此，当硬纸片被快速地拿开时，由于惯性，笔在水平方向会保持原来的状态，而在竖直方向会受到自身重力的影响，掉到它正下方的玻璃瓶里。

22 拉不开的杂志

迷你工具栏

● 两本尺寸和页数都差不多的杂志

实验操作间

1. 将两本杂志每隔两页互相交叉叠在一起。
2. 试着沿水平方向将两本杂志拉开。

实验报告

无论怎样，两本杂志就是拉不开。

实验揭秘

大气压力会使纸和纸紧贴在一起。纸和纸之间还有摩擦力，虽然每两张纸之间的摩擦力并不大，但整本杂志的纸张之间产生的摩擦力很大。

23 纸杯旋转灯

迷你工具栏

- 两个纸杯
- 两根牙签
- 一根细绳
- 一支蜡烛
- 一把剪刀
- 一卷胶带
- 一盒火柴

实验操作间

1.首先取一个纸杯，用剪刀在杯身对称处各剪开一个方形的大口。在纸杯杯底滴上几滴蜡油，将蜡烛固定在杯底，作为灯的底座。

2.再取另一个纸杯，在杯身等距剪开三到五个方形的开口（不必剪断）。将牙签用细绳绑好，穿过此纸杯底部中央固定（拉住细绳向上提可将纸杯提起），作为灯的上部。

3.将两个纸杯上下对口，并用胶带粘好固定。

4.用火柴点燃另一根牙签，通过底座纸杯杯身方形大口引火的方法，点燃蜡烛，提起细绳，观察现象。

实验报告

你会发现，用纸杯做的灯竟能旋转起来。

实验揭秘

蜡烛点燃后对周围空气进行加热，空气受热膨胀上升，沿着上方纸杯的扇叶口流动。空气流动形成了风，风使纸杯旋转起来。

24 神奇漏斗

迷你工具栏

- 一张挂历纸
- 一卷透明胶带
- 一个大杯子
- 一个空瓶子
- 面巾纸
- 水

实验操作间

1.将挂历纸卷成上口径3厘米左右的圆锥，做成漏斗，在接缝处用透明胶固定（漏斗的导流口不要开得太大，否则无法成功）。

2.准备一个空瓶子，用浸湿的面巾纸把瓶口堵起来，再稍微用力将漏斗的一端塞入，注意不要留有缝隙。

3.拿一个大杯子装满水，一下子倒入漏斗中。

实验报告

刚开始时，会有一点儿水漏入瓶里，但水流逐渐变小，最后就滴水不漏了。

实验揭秘

除了漏斗下方形成的导流口，瓶子的其他部分都处于密闭状态。当大量的水一下子倒入瓶中时，瓶子中的空气就会受到挤压。随着水的继续流入，瓶中的气压会进一步增大，直到足以将导流口处下漏的水顶回去。同时，导流口的水的表面张力也在不断增加，因此水就被堵在导流口，无法下漏。如果沿着漏斗壁将水慢慢倒入，水流就会畅通无阻。

25 铝箔纸章鱼

迷你工具栏

- 一张铝箔纸
- 面巾纸
- 四根吸管
- 一卷透明胶带
- 一根橡皮筋

实验操作间

1.先用铝箔纸来做章鱼的头部，然后把铝箔纸剪成整齐的细条当作触腕。

2.将触腕绑在章鱼的头部之下，用透明胶带固定。

3.将橡皮筋的一端贴在章鱼的头顶，另一端固定在桌边上，把章鱼吊起来。

4.把吸管绑在一起，用面巾纸摩擦吸管束，然后靠近章鱼的头部。

实验报告

章鱼的触腕会活动起来。

实验揭秘

用面巾纸摩擦吸管束后，吸管束表面就会聚集大量负电荷。铝箔是一种金属导体，当吸管靠近铝箔纸做成的章鱼头时，会产生静电感应现象。吸管束上的负电荷会把章鱼身上的正电荷吸到头部，负电荷则被排斥到章鱼的触腕。于是，章鱼的触腕之间因为都带负电荷而相互排斥，开始"张牙舞爪"起来。

26 烧不坏的手帕

迷你工具栏

● 一条手帕　　　　● 一根木棍　　　　● 酒精

● 一个玻璃杯　　　● 一支蜡烛　　　　● 水

实验操作间

1.将酒精和水按二比一的比例兑在玻璃杯里，混合均匀。

2.将手帕放入水和酒精的混合液里浸湿。

3.将手帕拿出来，稍微拧干，然后挂在木棍上。

4.用燃烧的蜡烛将手帕点燃。

实验报告

等火熄灭后，手帕居然完好无损！

实验揭秘

酒精的燃点很低，手帕被点燃后很快就开始燃烧，这其实是手帕上的酒精在燃烧。酒精很容易从手帕中挥发出来燃烧掉，但水仍然留在手帕上，保护着手帕。同时，在酒精燃烧的过程中，有一部分水变成水蒸气挥发了，带走了手帕上的一部分热量，从而降低了手帕的温度。在这种条件下，手帕自然完好无损了。

27 用线"钓"冰

迷你工具栏

- 一根细线
- 食盐
- 一个杯子
- 冰块（最好是方块）

实验操作间

1. 把冰块放进杯子里，然后将线的一端搭在冰块上。
2. 往搭在冰块上的线上撒一些食盐。
3. 等10～20秒后，小心地提起线。

实验报告

冰块随着线被提了上来。

实验揭秘

盐可以降低水的凝固点，将食盐撒在冰上时，冰在低于0℃的温度下也能融化。所以，把食盐撒在线上，冰块便开始融化，变成小水窝，将线埋于其中。但是，随着冰块的融化，盐的浓度逐渐下降，使水的凝固点重新被提高而凝固，于是线就被冻在冰块里面了。

28 纸蜘蛛

🔧 迷你工具栏

● 一张报纸　　　　● 一条干毛巾
● 一把剪刀

🌡️ 实验操作间

1. 先用剪刀剪下一块笔记本大小的报纸，再把它剪成一只蜘蛛的形状。

2. 把剪好的纸蜘蛛放在桌子上，用干毛巾来回摩擦几次。

3. 把纸蜘蛛从桌子上拿起来。

📒 实验报告

这只纸蜘蛛的八条"腿"来回摆动，就像蜘蛛的腿在动一样。

🔍 实验揭秘

纸片被干毛巾摩擦后带电，而且每张纸片带的电荷都是一样的。根据同种电荷互相排斥的原理，它们一接触到对方就马上分开，我们就会看到纸蜘蛛的"腿"来回抖动了。

29 能抓住气球的杯子

迷你工具栏

● 一个气球
● 一个杯子

● 热水
● 一根细线

实验操作间

1. 把气球吹起来，并且用线把气球系好。

2. 往杯中倒入热水。

3. 让热水在杯中停留30秒，然后把热水倒掉。

4. 立即将杯口紧密地倒扣在气球上，然后提起杯子。

实验报告

气球跟着杯子一起被提了起来。

实验揭秘

杯子用热水泡过，当热水被倒出后，杯子逐渐冷却，杯子里面已经受热的气体遇冷，体积缩小。此时杯子内的气压比杯外的气压低，杯外的气压就使得气球和杯子紧密地结合在一起了。所以，气球会跟着杯子一起被提起来。

30 能吸引硬币的梳子

迷你工具栏

● 一把塑料梳子　　● 玻璃板
● 一枚一角硬币

实验操作间

1. 把一枚一角硬币竖立在平整的玻璃板上。
2. 拿一把塑料梳子在干燥的头发上梳几下。
3. 将梳子靠近竖立硬币的侧面。

实验报告

硬币会被梳子吸引而倒下。

实验揭秘

　　当塑料梳子在干燥的头发上梳几下后，梳子上就带有大量负电荷。因为硬币是导体，带电梳子靠近时，硬币受到静电感应而带上正电荷，而且异种电荷之间会互相吸引，所以硬币就倒下了。

31 巧吸胡椒粉

迷你工具栏

- ●一把塑料汤勺
- ●半勺胡椒粉
- ●一勺粗盐
- ●一条干毛巾

实验操作间

1. 把粗盐和胡椒粉掺和在一起。
2. 将塑料汤勺在干毛巾上摩擦两分钟。
3. 拿着汤勺慢慢靠近粗盐和胡椒粉。

实验报告

胡椒粉和粗盐很快就分开了，胡椒粉全都"跳"起来吸附在塑料汤勺上。（不要把塑料汤勺放得太低，否则粗盐也可能被吸附起来。）

实验揭秘

塑料汤勺经过摩擦后带有静电，产生了吸引力。当你拿着它接近胡椒粉和粗盐时，因为胡椒粉比较轻，所以就被吸了起来。

32 烫不坏的手帕

🔧 迷你工具栏

- ●一条手帕
- ●五枚一元的硬币
- ●一根烟
- ●一盒火柴

🧪 实验操作间

1. 把五枚硬币叠起来，用手帕包紧。
2. 用火柴把烟点燃。
3. 用点燃的烟头去触手帕包有硬币的部分。

📒 实验报告

被烟头触过后，手帕居然完好无损。

🔍 实验揭秘

硬币是由金属制成的，具有良好的导热性能。烟头接触手帕后，它的热量都被硬币很快地吸收分散，手帕实际上承受的热量并不多，所以手帕没有被烫坏。

33 会"跳舞"的硬币

迷你工具栏

- 一瓶冰镇汽水
- 一个玻璃杯
- 一枚一角的硬币

实验操作间

1.将冰镇过的汽水瓶打开，把汽水全部倒入玻璃杯中。

2.用水将硬币打湿，平放在汽水瓶瓶口上，静静等待。

实验报告

硬币慢慢地动起来，接着在汽水瓶瓶口上忽高忽低地跳起"舞"来。

实验揭秘

汽水是冰镇的，被倒出后，汽水瓶内的空气受热膨胀，其中一部分气体就会被挤出瓶子。被挤出瓶子的气体碰上了硬币，就把它给顶起来了。但是，这股气体时强时弱，所以硬币就被顶得时高时低。在我们看来，就像硬币在跳舞一样。

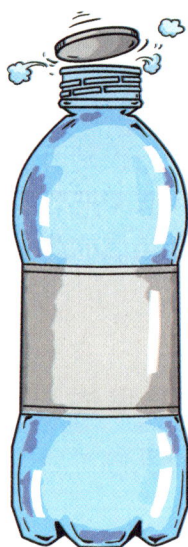

34 可乐吹气球

🔧 迷你工具栏

- 一瓶可乐
- 一根绳子
- 一个气球

🌡️ 实验操作间

1. 打开一瓶新买的可乐。
2. 取一个气球，用气球口套住可乐瓶的瓶口。
3. 用绳子扎紧气球口。
4. 使劲摇晃可乐瓶，然后松手。

📒 实验报告

瞧，可乐把气球吹起来了！

🔍 实验揭秘

可乐中含有碳酸，这种物质很不稳定，被剧烈摇晃后就会分解产生二氧化碳，导致大量的气体从可乐中冒出，所以气球就被吹起来了。

35 手帕为什么没有湿

迷你工具栏

- 一条手帕
- 一个脸盆
- 一个玻璃杯
- 水

实验操作间

1. 将手帕卷起来塞入玻璃杯杯底。
2. 在脸盆里盛满水，把玻璃杯倒转过来。
3. 将玻璃杯垂直压入水中，使水完全没过玻璃杯。
4. 从脸盆中拿出玻璃杯，再取出杯底的手帕。

实验报告

你会发现手帕没有湿。

实验揭秘

玻璃杯中有空气，当我们把玻璃杯倒过来放入水中时，空气会阻挡水进入玻璃杯。水的压力使杯子中的空气被压缩，因而还是有一部分水进入了玻璃杯，但还不至于碰到杯底的手帕，所以手帕还是干的。

36 霸道的大气球

迷你工具栏

● 两个气球（一个绿色、一个橙色）
● 一根吸管
● 一卷透明胶带
● 两个夹子

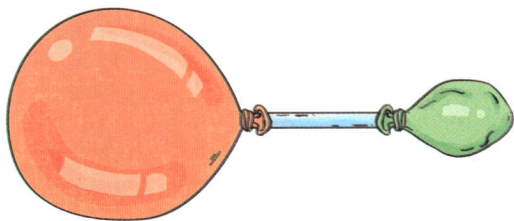

实验操作间

1.先把吸管塞入绿色气球的吹气口，用透明胶带粘紧。

2.吹大橙色气球，用夹子夹住吹气口，以防漏气。

3.吹大带有吸管的绿色气球，吹得比橙色气球要小，然后用夹子夹住吹气口。

4.将橙色气球的吹气口套在吸管上，用透明胶带粘紧。

5.松开两个气球上的夹子，观察气球的变化情况。

实验报告

小气球内的空气跑到大气球里去了，小气球变得更小了。

实验揭秘

我们向气球吹气时，在一定范围内，由于气球壁表面张力的作用，气球内会产生一个附加压力。小气球内的附加压力较大，而大气球内的附加压力较小，所以小气球内的空气就流入大气球中。当小气球缩小到一定程度，其内部的附加压力与大气球内部的附加压力相等时，两个气球的大小就不再发生变化。

117

37 牙签"独木舟"

🔧 迷你工具栏

- ●一根牙签
- ●一瓶洗发水
- ●一个盆子
- ●水

🌡️ 实验操作间

1. 在牙签粗的那一端蘸上一点儿洗发水。
2. 往盆中倒入水。
3. 将牙签轻轻放在水面上。

📒 实验报告

真奇妙！牙签朝着没有蘸洗发水的那一头（尖尖的那一端）前进了。

🔍 实验揭秘

洗发水里面含有被称作"表面活性剂"的化学成分，这类物质不但能够清除污垢，还能减弱水的表面张力。因此，牙签放在水面上后，蘸了洗发水的那端附近水面的表面张力减弱，牙签自然就会被前方水面较强的表面张力牵引前进。

38 覆盖杯子的冰块

🔧 迷你工具栏

● 两块冰 　　　● 一床小棉被
● 两个碗

🧪 实验操作间

1. 两个碗里各放一块冰。
2. 用小棉被盖住一个碗，另一个碗不盖被子。
3. 过一段时间，把小棉被取掉。

📒 实验报告

盖了小棉被的碗里的冰块没有融化，没盖小棉被的融化了。

🔍 实验揭秘

小棉被主要是由棉花做成的，棉花是热的不良导体。小棉被盖住碗，起到了隔热的作用，阻挡了热空气的传导，所以冰块没有融化。

39 两个气球

迷你工具栏

- 两个气球
- 一件毛衣
- 两条细线

实验操作间

1. 把两个气球吹起来，用细线捆好气球口。
2. 然后，把两个气球往衣服上使劲摩擦。
3. 接着，手拿着细线，使两个气球下垂。

实验报告

两个气球互相排斥，根本不能靠近。

实验揭秘

在摩擦毛衣的过程中，两个气球都带上了毛衣的静电，且均为负电荷。因为同性相斥，所以两个气球互相排斥。

40 杯子的声音

迷你工具栏

● 七个相同的玻璃杯　　　● 筷子
● 清水

实验操作间

1.把七个玻璃杯在桌子上排成一排。
2.往七个玻璃杯中倒入清水，使杯中的水位从高到低排列。
3.用筷子敲击每个玻璃杯，注意听声音的区别。

实验报告

　玻璃杯中的水越多，发出的声音越低；玻璃杯中的水越少，发出的声音越高。

实验揭秘

　玻璃杯中的水越多，玻璃杯的振动就越慢，敲击时发出的声音也就越低；玻璃杯中的水越少，玻璃杯的振动就越快，敲击时发出的声音也就越高。

科学加油站

热水瓶为什么保温

热的传递方式有三种：热的辐射、热的对流、热的传导。我们站在太阳底下会感到暖洋洋的，这是因为太阳的热传到了我们身上，这叫热的辐射。防止热辐射最好的办法是把它挡回去，最好的材料是镜子。倒一杯开水放在桌子上，水温将逐渐变得和周围环境的温度一样，这是热的对流。如果把杯盖盖上，就把对流的道路挡住了。可是，这杯水依然会变凉，只是时间长些。这是因为杯子有传热的性质，这叫作热的传导。

热水瓶胆用两层玻璃做成，两层玻璃都镀上了银，好像镜子一样，能把热射线反射回去，这就断绝了热辐射的通路。把热水瓶的两层玻璃之间抽成真空，就破坏了热对流、热传导的条件。热水瓶盖选用不容易传热的软木塞，隔断了对流传热的通路。热水瓶把传热的三条道路都挡住了，热就可以较长久地保留下来，所以能保温。

第五章

神奇的化学魔术

本章节实验须在家长或老师陪同下进行，注意相关物品及仪器的操作安全。

1 钉子换"新衣"

迷你工具栏

- 四五个柠檬
- 几块铜片
- 生锈的大钉子
- 一个小玻璃杯
- 食盐
- 去污粉

实验操作间

1.把铜片放入玻璃杯中。

2.把柠檬切开，将柠檬汁挤进玻璃杯中，要让柠檬汁没过铜片。

3.在玻璃杯中加少许食盐，并让铜片在柠檬汁中浸泡约五分钟。

4.用去污粉和清水将生锈的钉子清洗干净。

5.将清洗干净的钉子放入玻璃杯中，浸泡约二十分钟。

实验报告

钉子表面"穿"上了一件漂亮的淡黄色新衣，即使搁置一段时间，铁钉也不会再生锈。

实验揭秘

铜片上的铜与柠檬汁中的柠檬酸相互作用，形成了新的化合物（柠檬酸铜）。当我们把清洗干净的钉子放入玻璃杯中的时候，这种化合物就会与钉子发生化学反应（置换反应），给钉子镀上一层薄薄的且摩擦不掉的铜，这层铜会保护铁钉不再生锈。

2 鸡蛋变大

🔧 迷你工具栏

- 一个杯子
- 一瓶醋
- 一个鸡蛋

🧪 实验操作间

1. 把鸡蛋放进杯子里，加醋，使醋刚好没过鸡蛋。
2. 鸡蛋会冒出泡泡，体积也会一天比一天大。
3. 三天后，观察杯子里的鸡蛋。

📒 实验报告

鸡蛋硬硬的壳不见了，只剩下一层软软的半透明薄膜，而且体积比原来大了一倍多。

🔍 实验揭秘

蛋壳的主要成分是碳酸钙，碳酸钙会被醋酸溶解。将鸡蛋泡在醋里，蛋壳中冒出的泡泡就是碳酸钙溶解后所产生的二氧化碳气泡。

鸡蛋的体积之所以变大，是渗透压造成的。当薄膜两边物质的浓度不相等时，就会产生渗透压。浓度较低的那边物质里的水就会透过薄膜，渗到另一边，以使薄膜两边物质浓度相等。鸡蛋内部黏稠状的蛋白质浓度比较高，蛋壳变薄之后，在渗透压的影响之下，醋中的水分就透过蛋壳溶解后形成的半透明薄膜进入鸡蛋，把它撑大了。

3 制作食盐晶体

迷你工具栏

● 一个水杯
● 食盐
● 一个浅盘

实验操作间

1.准备一杯水，加入食盐，直到食盐无法继续溶解。这样就做成了一杯饱和食盐水。

2.将饱和食盐水倒入一个浅盘内，放置一星期左右。

实验报告

仔细观察浅盘，盐水逐渐蒸发，浅盘里就会析出立方体的食盐晶体。这些晶体没有经过任何切割，却都有着完美的直角，真神奇！

实验揭秘

水会蒸发，但溶于水的食盐无法全部跟着水被蒸发到空气中，于是就形成了晶体。构成食盐（氯化钠）晶体的是由氯原子和钠原子排列而成的一种"面心立方晶体"构造，这种晶体构造有着完美的直角。

4 金灿灿的硬币

迷你工具栏

- 一枚黑乎乎的五角硬币
- 醋
- 一个浅盘
- 面巾纸

实验操作间

1.把五角硬币放进浅盘里，往浅盘里倒一些醋，使之淹没硬币。

2.稍等片刻，将五角硬币取出来。

3.用面巾纸把五角硬币擦干净。

实验报告

黑乎乎的五角硬币变得金灿灿的了。

实验揭秘

五角硬币之所以会发黑，是因为硬币表面的镀铜在空气中被氧化，形成了黑色的氧化铜。醋所含的醋酸可以与氧化铜发生反应，除去氧化铜，所以五角硬币变得金灿灿的了。

5 蜡烛熄灭了

🔧 迷你工具栏

- 一根蜡烛
- 火柴
- 干冰
- 一个杯子
- 一个盘子
- 水

🧪 实验操作间

1.用火柴点燃一根蜡烛，将它放在盘子中。

2.拿一个杯子，装入少量的水，往杯里放一小块干冰。（注意不要用手直接触摸干冰。）

3.将杯子倾斜，靠近点燃的蜡烛。（一定要小心，不要被烫到。）

📒 实验报告

蜡烛熄灭了。

🔍 实验揭秘

干冰释放的二氧化碳气体密度大于空气，所以，当杯子倾斜时，二氧化碳就会溢出。烛火被二氧化碳包围起来，空气中的氧气无法接近，火焰就会因氧气不足而熄灭。

6 会预报天气的花

🔧 迷你工具栏

- ●一张红纸
- ●一杯浓盐水
- ●一个装满土的花盆

🌡 实验操作间

1.用红纸折成一朵花。

2.在纸花上涂上浓盐水。

3.把纸花插到花盆里。

4.连续仔细观察几天，并做好观察记录。

📒 实验报告

当花的颜色变深的时候，天气是阴天或者下雨；当花的颜色变浅的时候，天气就是晴朗的。

🔍 实验揭秘

盐是容易吸水的。纸花涂上浓盐水后，在阴天或者雨天的时候，由于气压低，空气湿度大，空气中的水分多，纸花上的盐吸收的水分也多。因此，纸花颜色变暗。相反，在晴天的时候，气压高，空气湿度小，纸花上的盐吸收不到水分，颜色就会变浅。

7 两朵火焰

迷你工具栏

- 一支蜡烛
- 一盒火柴
- 一根铅丝
- 一根中空的玻璃管

实验操作间

1. 把蜡烛固定在桌子上，用一根火柴点燃蜡烛。
2. 用铅丝绑住玻璃管的中间，使铅丝成为玻璃管的一个手柄。
3. 玻璃管与桌面平行，把玻璃管的一端放在蜡烛的火焰中。然后，用点燃的火柴靠近玻璃管的另一端，再迅速撤离。

实验报告

玻璃管的另一端也会燃起火焰，也就是玻璃管两端都燃起了火焰。

实验揭秘

蜡烛燃烧时，火焰的中心有一些碳氢化合物（蜡烛油的蒸汽）没有燃烧。当玻璃管平行于桌面，把其中的一端放在火焰中时，碳氢化合物会跑到玻璃管的另一端。这时用火一点燃，玻璃管的另一端就燃烧起来了。

8 瓶壁的火焰

迷你工具栏

- 一盒火柴
- 一个透明的刚倒光酒的白酒酒瓶
- 一根香烟

实验操作间

1. 把白酒酒瓶的瓶盖打开。
2. 用火柴点燃香烟，把香烟的烟雾慢慢地吹进酒瓶里面。
3. 关掉房间里的灯，再点燃一根火柴，让火焰接近瓶口。

实验报告

瓶口发出"砰"的一声，瓶口的里面出现了淡蓝色火焰，并且随着瓶子的内壁向下方移动。

实验揭秘

刚倒光酒的酒瓶，瓶壁上会有残留的少量酒精，而香烟中含有碳的微粒子。碳的微粒子和酒精接触后，遇到火焰就会燃烧。然后，火焰随着瓶子的内壁向下方移动，直到里面的酒精全部燃烧完，火焰才会熄灭。

9 去除血迹

🔧 迷你工具栏

- 两块白布
- 鸡血
- 一盆热水
- 一盆冷水
- 肥皂

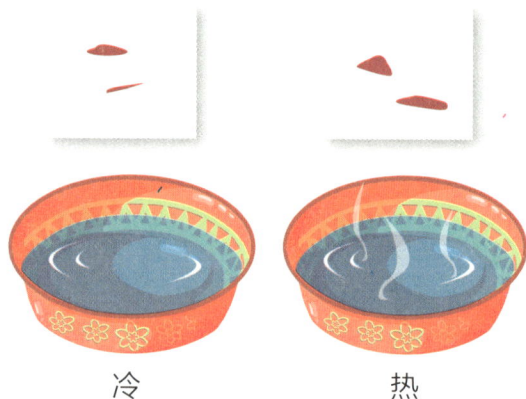

冷　　　　　热

🌡 实验操作间

1. 分别在两块白布上滴几滴鸡血。

2. 将其中一块白布浸泡在热水中，将另一块白布浸泡在冷水中。

3. 过一会儿，取出两块白布，浸泡在热水中的白布上的血迹呈暗红色，浸泡在冷水中的白布上的血迹仍然是红色，但是颜色变浅了。

4. 用肥皂抹在两块白布的血迹上，分别搓洗。

📒 实验报告

用热水浸泡过的白布上的血迹无法清洗干净，用冷水浸泡过的白布上的血迹被清洗干净了。

🔍 实验揭秘

血液中含有血红蛋白，遇热后发生化学反应，血迹就很难溶于水。未发生化学反应的血迹才能溶于水。同理，如果血迹暴露在空气中时间过长，也会发生化学反应，也不易被洗去。

10 柔韧的鸡骨头

迷你工具栏

- 一根干净的鸡骨头
- 醋
- 一把勺子
- 一个玻璃杯

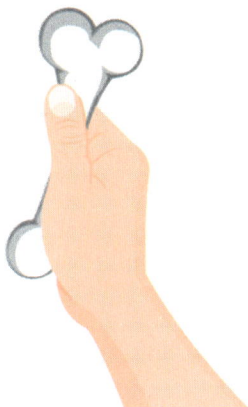

实验操作间

1.把鸡骨头放在玻璃杯中。
2.把醋倒进玻璃杯里，覆盖鸡骨头，浸泡两天。
3.两天后把鸡骨头从玻璃杯里拿出来。
4.用勺子敲一敲鸡骨头。

实验报告

鸡骨头变得非常柔韧，可以轻易折弯，还可以打结。

实验揭秘

因为鸡骨头内部有一种含钙化合物，所以它非常坚硬。醋是一种酸，与含钙化合物发生反应，形成可溶物质，溶解在醋中，鸡骨头就只剩下柔韧的部分了。

11 鸡蛋里的字

迷你工具栏

- 盛有水的锅
- 煤气灶
- 一支毛笔
- 醋
- 一个生鸡蛋
- 一把勺子

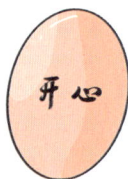

实验操作间

1. 用毛笔蘸上醋，在生鸡蛋壳上面写"开心"两个字。
2. 等醋干了之后，把鸡蛋放在盛有水的锅里煮熟。
3. 用勺子把熟鸡蛋捞出来之后，把蛋壳剥掉。

实验报告

蛋白的上面有"开心"两个字。

实验揭秘

蛋壳的主要成分是碳酸钙，与醋酸发生化学反应会形成醋酸钙。一部分醋酸透过蛋壳，和蛋白的膜发生化学反应。等到鸡蛋煮熟之后，字迹就印在蛋白上了。

12 吹气球

迷你工具栏

- 一杯热水
- 两茶勺酵母和糖
- 一个气球
- 一个塑料瓶

实验操作间

1. 把两茶勺酵母和糖倒在塑料瓶里。
2. 往塑料瓶里慢慢倒入热水。
3. 把气球的口套在瓶口。

实验报告

过一会儿，瓶子里的水开始冒泡沫，气球自动鼓起来。

实验揭秘

酵母的主要成分是真菌。当真菌与糖发生化学反应时，会产生二氧化碳。二氧化碳不易溶于水，会变成小气泡，浮到水面上，气泡发生破裂，二氧化碳就会进入气球，气球自然就鼓起来了。

13 再生纸

🔧 迷你工具栏

- 废旧的白纸
- 玻璃板
- 果汁机
- 胶水
- 宽约1厘米的胶布
- 长直尺
- 水槽
- 熨斗

🧪 实验操作间

1.在玻璃板上用胶布围成一个长方形，根据制作的纸张大小而确定长方形的长与宽。如果胶布太薄，可以贴两层。

2.将废旧的白纸用清水揉洗，然后撕碎，放入果汁机中，倒入适量的水并且搅拌，使废纸变成纸浆。如果纸浆是滑润的，说明前面的步骤是正确的。接着，静置两分钟。

3.把纸浆倒入水槽中，加入适量的胶水，搅拌均匀。

4.把纸浆涂在玻璃板上的长方形内，用长直尺抹平。去掉长方形外多出来的纸浆。

5.将玻璃板上的纸浆放在阳光下晒到稍微干一点的程度，然后用熨斗熨平，小心翼翼地撕下来。

📔 实验报告

一张全新的纸被制造出来了。

🔍 实验揭秘

纸是由植物纤维制造的。纤维越细，纸就越光滑；纤维越粗，纸就越坚韧。

14 铝锅不能用来煎药

🔧 迷你工具栏

- 两片口香糖的铝箔包装纸
- 一块手帕
- 一瓶醋
- 一个杯子

🧪 实验操作间

1. 在杯子里倒半瓶醋。
2. 把一片铝箔包装纸浸在醋中。
3. 三天后，从醋中把铝箔包装纸取出来。
4. 用手帕把铝箔擦干。

📓 实验报告

把两片铝箔包装纸拿到一起比较，就会发现被醋浸泡过三天的铝箔包装纸颜色比较暗。

🔍 实验揭秘

醋带酸性，而铝会和酸性物质发生化学反应，产生新的物质。中药熬成的药汤带有一定的酸性，和铝锅会发生化学反应，影响药效，因此铝锅不能用来煎药。

15 复印报纸图片

迷你工具栏

- 一张白纸
- 一张有图片的报纸
- 一勺洗涤液
- 一杯清水
- 一勺松节油
- 一个勺子
- 一块海绵
- 一个盘子
- 一把尺子

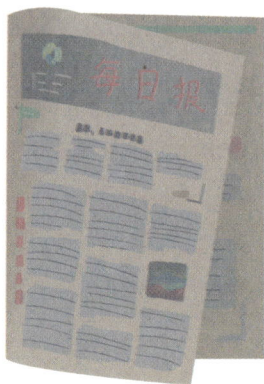

实验操作间

1.把一勺洗涤液、一勺松节油和两勺清水放在小盘子中，搅拌成混合溶液。

2.用海绵蘸着混合溶液，轻轻而又均匀地涂抹在报纸的图像上。

3.取一张白纸，盖在报纸的图像上，然后用尺子用力来回压白纸。

实验报告

等一会儿后，轻轻把白纸揭开，报纸上的图像就被复印到白纸上了。但是，白纸上的图像是水平镜像（左右相反）。

实验揭秘

洗涤液和松节油混合后形成感光乳胶，浸入到报纸的干燥油脂和油墨染料之中，使它们重新液化。然后，液化的油墨浸入白纸中，就可以把报纸上的图像复印下来。

16 花的显现

🔧 迷你工具栏

- 一把水果刀
- 一个盘子
- 一个柠檬
- 一张白纸
- 一支毛笔
- 一支蜡烛
- 一盒火柴

🧪 实验操作间

1. 用水果刀切开柠檬。
2. 把柠檬的汁挤到盘子里。
3. 把毛笔蘸上柠檬汁，在白纸上画一朵花的轮廓。当然，花没有现形。
4. 用火柴点燃蜡烛，把画有花的纸放在蜡烛火焰上方烘烤。

📒 实验报告

纸上面显露出花的轮廓。

🔍 实验揭秘

用柠檬汁在纸上画出花的轮廓，柠檬汁会使被浸湿的那部分纸失水，导致那部分的纸燃点降低。纸被烘烤之后，被烤焦的花的轮廓就显现出来了。

17 苹果洗洁精

🔧 迷你工具栏

- ●一个苹果
- ●一把水果刀
- ●带油渍的盘子

🌡️ 实验操作间

1. 用水果刀把苹果切成片。
2. 用苹果片擦拭带油渍的盘子。
3. 把盘子用水冲干净。

📓 实验报告

盘子上的油渍消失了，和洗洁精的效果一样。

🔍 实验揭秘

刚切过的苹果片，其果酸含量非常多。用苹果片擦拭带油渍的盘子，油渍和果酸会产生化学反应，产生溶于水的物质。所以，被苹果片擦拭的盘子会和用洗洁精清洗过的一样干净。

18 弹出来的瓶塞

🔧 迷你工具栏

- 一杯白醋
- 3～4克小苏打
- 软木塞
- 一个空酒瓶

🌡️ 实验操作间

1. 在空酒瓶内放入3～4克小苏打。
2. 往空酒瓶里倒入白醋。
3. 快速用软木塞塞住瓶口。

📓 实验报告

软木塞被弹出去，瓶身向后反冲。

🔍 实验揭秘

小苏打与白醋在一起会发生化学反应，产生大量二氧化碳气体，把瓶口的软木塞弹出去。

19 火山喷发模拟场景

🔧 迷你工具栏

● 一瓶汽水
● 一个托盘
● 一小勺小苏打

🧪 实验操作间

1. 把汽水的瓶盖打开，把汽水瓶放在托盘上。
2. 在汽水中加入一小勺小苏打。

📓 实验报告

汽水瓶里产生了气泡。过了一会儿，火山喷发的模拟场景就展现出来了。

🔍 实验揭秘

小苏打溶入水中会产生二氧化碳，再加上汽水中本来就有二氧化碳，于是瓶中的二氧化碳大量增加，一起冒出，就会产生"火山喷发"的壮观景象。

20 固态的牛奶制品

迷你工具栏

- 500毫升牛奶
- 奶锅
- 食醋
- 过滤网
- 勺子

实验操作间

1. 把500毫升的牛奶倒入奶锅中，加热到沸腾的状态，然后熄火。
2. 在牛奶中加入一勺食醋，把液态的牛奶制品搅拌均匀，使之冷却。
3. 当牛奶制品冷却到白胶状态的时候，用过滤网过滤。
4. 把过滤网上剩下的物质用勺子弄平，放置几天。

实验报告

牛奶制品变成固体了。

实验揭秘

牛奶中所含的蛋白质与食醋中的乙酸相遇后发生化学反应，就会凝固。

21 除去水垢

🔧 迷你工具栏

- 一杯白醋
- 一杯热水
- 结了水垢的热水瓶

🧪 实验操作间

1. 把结了水垢的热水瓶里的水全部倒出来。
2. 在热水瓶里倒入一杯白醋和少量热水。
3. 将瓶盖盖好，晃动热水瓶一分钟左右，不时打开瓶盖放一下气。

📓 实验报告

热水瓶里的水垢消失了。

🔍 实验揭秘

醋的主要成分是醋酸，水垢的主要成分是碳酸盐。醋酸可以把碳酸盐溶解，所以水垢可以轻而易举地被清除掉。

22 净化浑水

🔧 迷你工具栏

● 一杯浑浊的水
● 一个勺子
● 一勺明矾

明矾

🌡️ 实验操作间

1. 将一勺明矾倒入浑浊的水中。
2. 用勺子搅拌浑水，直到明矾完全溶解。

📓 实验报告

静待15分钟，浑水中的杂物沉淀到了杯子底部，上面的水是透明的。

🔍 实验揭秘

明矾溶解在水中后被分解成氢氧化铝，氢氧化铝吸附水中的杂质，并形成沉淀物。然后，水就变清澈透明了。

23 色彩缤纷的鸡尾酒

🔧 迷你工具栏

- ●一个玻璃杯
- ●糖浆
- ●高浓度食盐水
- ●威士忌
- ●麻油
- ●色拉油

🧪 实验操作间

使玻璃杯倾斜，把糖浆、高浓度食盐水、威士忌、麻油、色拉油依次沿着玻璃杯的杯壁慢慢地倒入杯子中。

📒 实验报告

五种液体会按照倒入的顺序呈分层的状态。

🔍 实验揭秘

密度较大的液体会往下沉，密度较小的液体会浮于表面。这五种液体的密度由大到小的排列顺序是：糖浆、高浓度食盐水、威士忌、麻油、色拉油，所以我们就能看到层次分明的"鸡尾酒"了。

24 用石膏做手

迷你工具栏

- 一只橡胶手套
- 洗洁精
- 水
- 熟石膏粉
- 水杯
- 筷子

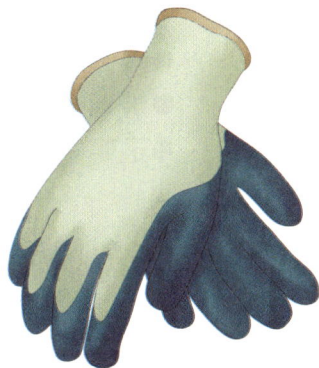

实验操作间

1.把洗洁精倒入橡胶手套中，并且揉捏橡胶手套，使洗洁精充满整个手套内壁。

2.让家人用手撑开手套口，手套口向上。

3.往水杯中倒入熟石膏粉和水，用筷子把液体混合物搅拌均匀，呈牛奶状。

4.把液体混合物倒入手套中，使液体充满这只手套，把手套固定放置一夜，再把手套中的石膏取出来。

实验报告

手的模型做成了。

实验揭秘

熟石膏粉遇水发生化学反应，形成一种浆状物。等水分蒸发后，这种浆状物便凝固成了坚硬的石膏。

25 水中的盐

迷你工具栏

- 食盐
- 筷子
- 水
- 过滤纸
- 玻璃杯
- 透明碗

实验操作间

1.在玻璃杯中倒入半杯清水，再加入一些食盐。

2.用筷子搅拌盐水混合溶液，溶解食盐。

3.把盐水混合溶液用过滤纸过滤到透明碗中，透明纸上会有一些过滤不掉的盐。

4.把装有盐水的透明碗放在太阳下暴晒两天。

实验报告

两天后，透明碗中的水少了很多，碗底部出现了一层盐。

实验揭秘

在太阳的暴晒下，透明碗中的水蒸发掉了很多，剩下的水溶解不了那么多盐，盐就暴露出来了。

平时我们吃的盐绝大部分是从海水中取得的。首先，把海水引入海滩上建有的盐池；然后，把海水放在太阳下暴晒，海水蒸发，盐暴露出来，再把多余的海水去掉；最后，把盐运到加工厂加工，就做成了我们吃的盐。

26 石灰煮鸡蛋

🔧 迷你工具栏

- 生鸡蛋
- 生石灰
- 水
- 铁盆
- 勺子

🧪 实验操作间

1. 把生石灰倒在铁盆里，小心翼翼地在铁盆里倒上少量的水。
2. 等生石灰裂开后，把生鸡蛋放在生石灰上。

📒 实验报告

过了一会儿，生石灰变成了膏状的熟石灰，把鸡蛋用勺子取出来。这时候，鸡蛋已经熟了。

🔍 实验揭秘

生石灰与水融合变成熟石灰，会放出大量的热量，可以将生鸡蛋变成熟鸡蛋。

27 变色的梨子

迷你工具栏

- 一个梨子
- 一把水果刀
- 一个玻璃杯
- 食盐
- 水

实验操作间

1.在玻璃杯里倒入适量的水和食盐，混合成食盐水。
2.用水果刀把梨子切成两块。
3.把半块梨子放在露天中，另半块梨子放在食盐水中。

实验报告

放在露天中的半块梨子变成褐色，放在食盐水中的半块梨子没有变颜色。

实验揭秘

梨子中含有酶和铁元素，被切开的梨子和空气接触就会与氧气发生反应，变成褐色；而盐水可以防止梨子氧化，保持本来的颜色。

28 吹气

迷你工具栏

- 两个玻璃杯
- 吸管
- 清水
- 少许生石灰

实验操作间

1.把生石灰放入玻璃杯中，并且加水搅拌，静放几分钟，有少许生石灰会沉淀下去。

2.把玻璃杯里的沉淀物上面的透明溶液倒入另一个玻璃杯中。

3.把吸管插入第二个玻璃杯的透明溶液中，吹气。

4.继续吹气。

实验报告

第一次吹气之后，液体变浑浊了；继续吹气之后，液体又变成无色透明的了。

实验揭秘

生石灰与水发生化学反应，变成了熟石灰，即氢氧化钙，氢氧化钙溶于水。人体呼出二氧化碳，与氢氧化钙发生反应，生成了碳酸钙，它不溶于水，所以第一次吹气之后，液体就变浑浊了。然后继续吹气呼出的二氧化碳，与碳酸钙发生反应，生成了碳酸氢钙。碳酸氢钙溶于水，所以杯子里的液体又变成透明的了。

科学加油站

可燃冰

小朋友，你听说过可燃冰吗？难道冰也可以燃烧吗？不急，跟我一起认识一下可燃冰吧！

可燃冰的学名为"天然气水合物"，是20世纪科学考察中发现的一种新的矿产资源。它分布于深海沉积物或陆地的永久冻土中，是天然气与水在高压低温条件下结晶而成的"冰块"，因其外观像冰而且遇火即可燃烧而得名，又叫固体瓦斯、气冰。

可燃冰是一种新型高效能源，它的成分与人们平时所使用的天然气成分相近，但更为纯净。可燃冰甲烷含量占80%～99.9%，可直接点燃，燃烧后几乎不产生任何残渣，污染比煤、石油、天然气都要小得多。1立方米可燃冰可转化为164立方米的天然气和0.8立方米的水。开采时，只需将固体的可燃冰升温减压，就可释放出大量的甲烷气体。

据了解，全球天然气水合物具有广阔的开发前景，它的储量是现有天然气、石油储量的两倍。美国、日本等国均已在各自海域发现并开采出天然气水合物。据测算，我国南海天然气水合物的资源量为700亿吨油当量，约相当于中国目前陆上石油、天然气资源量总数的二分之一。2017年5月，我国在南海北部神狐海域进行的可燃冰试采获得成功。这也标志着我国成为全球第一个实现了在海域可燃冰试开采中获得连续稳定产气的国家。